특종!
70명으로 읽는
세계사

✏️ 글 김인기

어린이를 위한 역사, 교양, 상식책을 쓰는 작가입니다. 그동안 지은 책으로는 《초등학생이 꼭 알아야 할 교양》(전 3권), 《한눈에 쏙쏙! 한국의 인물 100》, 《한눈에 쏙쏙! 세계의 인물 100》, 《두뇌를 깨우는 수수께끼 250》 등이 있습니다.

✏️ 그림 이진아

대학에서 디자인을 전공하고 프리랜서 일러스트레이터로 다양한 작업을 하고 있습니다. 인디 다큐 페스티벌, 인디 애니 페스티벌, 서울 여성 영화제 등의 각종 포스터와 이미지를 만드는 작업을 했고, 《빨간 내복의 초능력자》, 《생각이 크는 인문학》 등에 그림을 그렸습니다.

✏️ 감수 강진모

고등학교에서 학생들에게 한국사와 세계사를 가르치는 역사 교사입니다. 역사는 지루한 암기 과목이라는 편견을 깨고 싶어 '역사愛 빠지다'라는 동아리를 조직하여 학생들과 다양한 역사 체험의 경험을 쌓고 있습니다.

특종! 70명으로 읽는 세계사

펴낸날 초판 1쇄 2015년 6월 2일 | **초판 7쇄** 2025년 2월 28일
글 김인기 | **그림** 이진아 | **감수** 강진모
펴낸이 강호준 | **개발책임** 조재은 | **디자인** 디자인꾼
펴낸곳 ㈜대교 | **등록일** 1979년 6월 1일 | **등록번호** 제16-11호 | **발행처** 키즈스콜레
주소 서울특별시 관악구 보라매로 3길 23 대교타워
주문전화 02)829-1825 | **주문 팩스** 070)4170-4318 | **내용문의** 070)8209-6140

ⓒ김인기, 이진아, 2015
ISBN 979-11-6825-225-7 63900

- 이 책은 저작권법에 따라 보호 받는 저작물이므로 무단 전재와 무단 복제를 금합니다.
- 이 책의 띄어쓰기, 맞춤법은 국립국어원에서 정한 지침을 따랐습니다.
- 이 책에 사용된 지명과 인명은 중·고 교과서 표기를 따랐습니다.
- 오늘책은 ㈜대교의 출판 브랜드입니다.

특종!
70명으로 읽는
세계사

글 김인기
그림 이진아
감수 강진모

오늘책

차례

- 쿠푸 8쪽
- 주공 10쪽
- 석가모니 12쪽
- 공자 14쪽
- 다리우스 1세 16쪽
- 페리클레스 18쪽

- 무함마드 54쪽
- 유스티니아누스 대제 52쪽
- 클로비스 50쪽
- 쇼토쿠 태자 48쪽
- 아우구스티누스 46쪽
- 찬드라굽타 2세 44쪽

- 당 태종 56쪽
- 카롤루스 대제 58쪽
- 그레고리우스 7세 60쪽
- 칭기즈 칸 62쪽
- 우르바누스 2세 64쪽
- 단테 66쪽
- 조토 디본도네 68쪽

- 몽테스키외 108쪽
- 프리드리히 대왕 106쪽
- 강희제 104쪽
- 뉴턴 102쪽
- 표트르 대제 100쪽
- 루이 14세 98쪽
- 크롬웰 96쪽

- 제임스 와트 110쪽
- 조지 워싱턴 112쪽
- 로베스피에르 114쪽
- 나폴레옹 116쪽
- 베토벤 118쪽
- 시몬 볼리바르 120쪽
- 에이브러햄 링컨 122쪽

인물 딱지 둘레의 색깔이 같은 것끼리 연결해서 읽어 보세요.

- 유럽의 역사
- 아프리카의 역사
- 아메리카의 역사
- 중국과 일본의 역사
- 아라비아의 역사
- 인도의 역사

소크라테스 20쪽 | 알렉산드로스 22쪽 | 시황제 24쪽 | 한니발 26쪽 | 항우 28쪽 | 유방 | 사마천 30쪽

샤푸르 1세 42쪽 | 트라야누스 40쪽 | 손권 | 유비 38쪽 | 조조 | 예수 36쪽 | 옥타비아누스 34쪽 | 장건 32쪽

마르코 폴로 70쪽 | 이븐바투타 72쪽 | 메흐메트 2세 74쪽 | 정화 76쪽 | 구텐베르크 78쪽 | 콜럼버스 80쪽 | 코르테스 82쪽

도쿠가와 이에야스 94쪽 | 셰익스피어 92쪽 | 엘리자베스 1세 90쪽 | 루터 88쪽 | 미켈란젤로 86쪽 | 코페르니쿠스 84쪽

찰스 다윈 124쪽 | 빈센트 반 고흐 126쪽 | 마하트마 간디 128쪽 | 아인슈타인 130쪽 | 레닌 132쪽 | 히틀러 134쪽 | 루스벨트 136쪽

특별 부록2 도전! 세계사 왕 평가 문제 150쪽 | 특별 부록1 특종! 세계사 주요 사건 50 148쪽 | 스티브 잡스 146쪽 | 고르바초프 144쪽 | 비틀즈 142쪽 | 넬슨 만델라 140쪽 | 마오쩌둥 138쪽

특종 세계사 01 – 쿠푸

거대한 무덤을 만들라!

📝 쿠푸, 그는 누구인가?

쿠푸는 기원전 2500년경, 고대 이집트의 파라오였다. 옛날 사람들은 왕인 파라오를 태양신의 아들로 여기고 받들었다. 그래서 당시 최대 규모의 무덤인 피라미드와 스핑크스를 만들 수 있었다.

상상을 초월하는 규모의 피라미드를 어떻게 지었을까?

쿠푸의 피라미드는 당시 세계의 건축물 중 가장 컸다. 높이 146.5m로, 평균 2.5톤의 바위를 무려 230만여 개나 사용하였다. 공사에는 10만 명이 약 20년간 동원되었다고 한다.

① **재료 얻기** 재료인 돌을 캐냈던 채석장은 무덤과 떨어진 곳에 있었다. 거대한 바위에 구멍을 뚫고, 쐐기를 박아 물을 부으면 나무토막이 물에 불면서 바위가 갈라졌다.

② **바위 운반하기** 네모 모양으로 잘린 바위는 나일강에 배를 띄워 날랐다. 땅 위에서 바위를 옮길 때는 둥근 통나무를 바닥에 놓고 굴려 바위를 앞으로 끌고 갔다.

③ **쌓아 올리기** 무거운 물건을 높이 들어 주는 장치가 없던 시절, 이집트 기술자들은 무덤을 지을 장소 옆에 거대한 산을 쌓아 바위를 옮겼다. 실어 나른 바위는 제각기 크기가 달라 이가 맞물리듯 짜 맞추었다.

④ **피라미드만 남기기** 뾰족한 모양의 피라미드가 완성되면 흙을 치워 피라미드만 남겼다.

세상에서 제일 큰 피라미드를 만들라!

쿠푸(이집트)
(?~기원전 2566년)
고대 이집트의 파라오. 당시 최대 규모의 피라미드를 지음.

그것이 알고 싶군

피라미드, 왜 만들었을까?

고대 이집트에서는 사람은 죽어도 영혼은 죽지 않는다고 믿었다. 그래서 영혼이 다시 살아날 때에 대비하여 미라를 만들어 피라미드 안에 보관한 것이다. 피라미드 내부는 왕이 있는 곳까지 함부로 침입할 수 없도록 복잡했고, 곳곳에 함정과 비밀 문을 설치하였다.

짤막 상식

세계 4대 문명이란?

인류가 만든 기술과 문화를 통틀어 '문명'이라고 한다. 인류는 기원전 3500년경 티그리스 강과 유프라테스 강이 흐르는 메소포타미아 지역에서 농사를 지으면서부터 문명을 발전시켰다. 이것이 **메소포타미아 문명**이다.
이후 물을 얻기 쉽고 비옥한 토지가 있는 큰 강 주변에 문명이 생겨나기 시작했는데 아프리카 나일 강 유역의 **이집트 문명**, 중국 황허 강에서 발생한 **황허 문명**, 인도의 인더스 강 가의 **인더스 문명**을 '세계 4대 문명'이라고 한다.

대피라미드의 내부 구조
146.5m
왕의 방
왕비의 방
지하실
입구

미니 인터뷰

'세계 4대 문명' 출신의 발명품 자랑

메소포타미아 문명인

우린 구리와 여러 가지 금속을 녹여 청동기를 만들었답니다. 둥근 바퀴를 단 수레도 우리가 처음 사용했다오.

황허 문명인

누가 먼저 청동기를 만들었는지는 한번 따져 봅시다. 우리도 청동기를 만들었소. 조, 수수 등을 농사짓는 법도 알아내고, 갑골 문자도 만들었소.

이집트 문명인

우린 태양의 움직임에 따라 태양력을 만들었습니다. 배에 돛을 달아 앞으로 나아가게 만든 것도, 피라미드를 만든 것도 우리 이집트 사람이라오.

인더스 문명인

다른 문명 사람들은 도시를 정비할 생각은 못 했겠지요? 우리 인더스 문명 지역에는 도로가 반듯반듯했답니다. 공중목욕탕도 있었지요.

특종 세계사 02 – 주공

중국의 존경 받는 정치가

✏️ 중국의 성인 공자가 가장 존경한 인물

중국의 정치가 주공은 무왕을 도와 주나라 건국에 큰 공을 세웠다. 주공은 웬만한 왕보다 유명한 역사 인물이다. 중국의 정치 제도와 사상이 만들어지는 데 많은 영향을 주었기 때문이다.

*상나라: 중국 은나라의 다른 이름.

주공(중국)
(?~?년)
중국 주나라의 정치가.
무왕을 도와
주나라의 기초를 튼튼히 함.

사회 요런조런 훌륭한 부모 밑에 훌륭한 아들

주공은 아버지 문왕과 어머니 태사 사이에서 넷째로 태어났다. 문왕은 아들인 무왕과 함께 중국 고대의 뛰어난 임금이었고, 어머니 태사는 중국 역사상 가장 현명하고 모범적인 여성 중 한 명으로 꼽힌다. 태사는 열 아들의 교육을 직접 하였다. 기록에 따르면 아들이 자라 어른이 될 때까지 그른 행동을 한 일이 없었다고 한다. 그 덕분에 주나라를 세운 무왕, 중국 최고로 존경 받는 정치가 주공 등이 나올 수 있었다.

이래서 가정 교육이 중요해.

화제의 인물 강태공

본명은 '강상'이다. 무왕에게 상나라를 무너뜨리고 새 나라를 세울 것을 강력하게 제안하였다. 무왕이 강태공을 처음 만난 것은 그가 강에서 낚시를 하고 있을 때였다. 그래서 요즘도 낚시를 즐기는 사람을 '강태공'이라고 부른다.

대세 현황 기우는 주나라와 춘추 전국 시대

영원한 강대국은 없다. 건국 초반에 나라의 기초를 튼튼히 하며 발전하던 주나라도 기원전 8세기부터 점점 기울기 시작했다. 왕의 힘이 약해지자 지방을 다스리던 권력자들은 딴생각을 하였다. 그들은 다스리던 지역에 작은 나라를 세워 '꼬마 왕' 노릇을 하였고, 이웃 나라와의 전쟁도 서슴지 않았다. 게다가 이민족까지 침입하여 결국 기원전 770년에 수도를 동쪽으로 옮기기까지 하였다. 이때부터 진나라가 중국을 통일한 기원전 221년까지 약 550년 동안을 '춘추 전국 시대' 라고 한다.

특종 세계사 03 – 석가모니

사람은 모두 평등하오

📝 석가모니의 인생 이야기

기원전 6세기경, 인도에서 인류의 문화와 사상에 큰 영향을 준 성인이 탄생했다. 석가 부족의 왕자 고타마 싯다르타로, 그가 바로 훗날 불교를 창시한 석가모니다. 지금도 세계의 많은 사람들이 믿는 불교의 탄생 과정을 정리해 보았다.

번뇌*에 빠진 왕자님

왕족이었던 싯다르타는 좋은 환경에서 고민을 모르고 자랐다. 그러다 처음 궁궐 밖에서 세상 구경을 하다가 세상에는 병, 가난, 죽음 등 많은 고통이 있음을 알게 되었다. 싯다르타는 깊은 괴로움에 빠졌다. 싯다르타는 인생의 여러 괴로움을 극복할 방법을 찾기 위해 29세 때 궁궐을 나와 수행의 길을 떠났다.

*번뇌(煩惱): 마음속 괴로움.

보리수 아래에서 깨달음을 얻다

싯다르타는 6년간 인도 곳곳을 돌아다니며 고된 수행을 했다. 지혜로운 사람을 찾아 궁금한 것을 묻고, 때로는 혼자서 명상에 잠기기도 했다. 그는 보리수 아래에서 깊은 생각에 잠긴 끝에 마침내 깨달음을 얻었다. 인간은 누구나 욕심을 버리고, 바르게 말하고 행동하면 모든 걱정과 근심에서 자유로울 수 있다는 사실을 알게 된 것이다.

석가모니 (인도)
(기원전 563?~기원전 483?년)
불교의 창시자.
보리수 아래에서
깨달음을 얻고, 자비를 가르침.

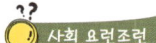 사회 요련조련

불교가 세계적인 종교가 된 까닭

석가모니가 불교를 창시했을 때 인도에는 '카스트 제도'라는 계급 제도가 있었다. 계급에 따라 인간을 차별하는 카스트 제도와 달리 불교에서는 모든 사람이 진리를 깨치면 부처가 될 수 있다고 가르쳤다. 이러한 평등사상은 차별 대우에 시달리던 사람들에게 희망을 주었고 불교가 세계 곳곳으로 전파되는 데에도 큰 원동력이 되었다.

자비의 마음

석가모니는 자기가 깨친 자비의 마음가짐을 사람들에게 들려주었다. '자(慈)'는 사람은 모두 똑같이 평등함을 뜻하고, '비(悲)'는 남의 괴로움을 마치 자기의 것처럼 안타깝게 여기고 함께 슬퍼하는 것을 뜻한다. 석가모니는 자비의 마음을 깨닫고 실천하는 사람은 누구나 부처가 될 수 있다고 하였다. 석가모니의 사상은 불교의 기본 가르침이 되어 그가 죽은 뒤에 인도, 중국 등 많은 나라에 전해졌다.

특종 세계사 04 - 공자

예(禮)와 인(仁)이면 끝!

📝 유교 사상, 알고 보면 참 쉬워요!

중국 춘추 전국 시대에는 하루가 멀다 하고 지방의 국가들이 전쟁을 벌였다. 이때 올바른 정치를 주장했던 공자를 만나 그의 생각을 들어 보았다.

배우고 또 익히면 즐겁지 아니한가!

기자 안녕하세요, 공자님. 저는 꿈달 신문의 왕기쁨 기자입니다. 공자님의 인생 이야기를 들려주세요.

공자 난 기원전 551년에 주나라의 지방 국가인 노나라에서 태어났다오. 나는 어릴 적부터 공부를 무척 좋아했습니다. 나이가 들어서는 노나라의 신하로 일했지요. 그러다 55세 무렵 노나라를 떠났습니다. 지금은 여러 나라를 떠돌며 제자들을 가르치고 있습니다.

기자 공자님께서 강조하신 예(禮)와 인(仁)을 쉽게 설명해 주시지요.

공자 세상이 평화로워지려면 사람들 사이에 예절이 있어야 합니다. 즉, 신하는 왕에 대한 예의를 지키고, 자식은 부모에 대한 예의를 지켜야 합니다. 이것이 바로 예(禮) 사상입니다. 그런데 그것만으로는 부족합니다. 모든 사람이 저마다 어진 사람이 되도록 노력해야 해요. 이것이 인(仁)입니다. 예와 인을 갖추어야 바른 사람이 되고, 바른 정치를 할 수 있지요.

공자(중국)
(기원전 551~기원전 479년)
중국 춘추 전국 시대의 사상가.
예(禮)로써 다스리는
정치를 강조함.

기자 공자님의 유교 사상은 후대에 큰 영향을 주었습니다. 이유가 뭐라고 생각하십니까?

공자 그것참 반가운 얘기입니다. 평생 동안 제자들에게 정치를 올바르게 하는 법, 훌륭한 사람이 되는 법을 가르친 보람이 있군요. 유교 사상이 주목 받은 이유는 예(禮)와 인(仁)을 정치적 혼란을 수습할 수 있는 방법으로 여겼기 때문일 겁니다.

📷 화제의 책
시대를 뛰어넘은 베스트셀러, 《논어》

《논어》는 공자가 죽은 뒤 제자들이 공자의 가르침을 간추려서 정리한 책이다. 총 7권 20편으로 이루어져 있는데, 각 편마다 주제가 다르다. 유교의 가르침을 전하는 중국의 책 중에서 《논어》는 가장 기본이라고 할 수 있다. 《대학》, 《맹자》, 《중용》과 함께 유교의 기본 경전으로 꼽히는 사서(四書)에 포함된다.

✏️ 짤막 상식
다양한 사상가가 등장한 춘추 전국 시대

춘추 전국 시대에는 나라를 튼튼히 하기 위해 인재를 뽑아 나랏일을 맡겼다. 학자들은 각자 나라가 부강해질 수 있는 방법을 내놓았는데, 인간의 도리를 강조한 공자의 사상도 그중 하나였다. 한비자는 엄격한 법률을 제정하여 나라의 기강을 잡을 것을 주장하였고, 노자와 장자는 자연을 거스르지 않고 본받는 생활을 강조하였다. 이렇게 춘추 전국 시대에 등장한 사상가와 학자를 '제자백가'라고 한다.

특종 세계사 05 – 다리우스 1세

페르시아의 꽃을 피우다

✏️ 강대국 페르시아의 궁궐에 가다

아케메네스 왕조 페르시아는 세계 역사 최초로 왕이 지방의 작은 지역까지 다스리던 나라였다. 기원전 6세기, 아케메네스 왕조 페르시아의 전성기를 이끌었던 정복왕 다리우스 1세의 생일날 모습을 취재해 보았다.

생일 축하 선물을 실은 수레의 행렬

여기는 아케메네스 왕조 페르시아의 수도 페르세폴리스. 다리우스 1세의 생일을 축하하러 온 아케메네스 왕조 페르시아 식민지 대표들의 줄이 끝날 줄을 모른다. 그들은 저마다 수레와 낙타, 말 등에 왕께 바칠 금은보화를 가득 싣고 왔다. 찾아온 이들 중에는 저 멀리 이집트에서 온 사람도 보였다.

호위 병사만 무려 1만 명

다리우스 1세를 만나러 온 사신들은 왕을 호위하는 병사들을 보고 지레 겁을 먹을 정도였다. 병사 수가 무려 1만 명에 이르렀기 때문이다. 다리우스 1세의 호위 부대 별명은 '불사조'였다. 죽지 않는 새라는 뜻이다. 병사들이 용맹스럽고, 쉽게 흐트러지지 않아 붙여진 것이다.

다리우스 1세 (페르시아)
(기원전 550~기원전 486년)

고대 아케메네스 왕조 페르시아의 전성기를 가져온 왕. 페르시아의 영토를 사상 최대로 넓힘.

으리으리한 페르세폴리스의 궁궐

다리우스 1세의 생일잔치가 열리는 페르세폴리스 궁궐을 본 사람들은 그 웅장함에 놀라 입이 떡 벌어졌다. 111개의 계단을 올라 만날 수 있는 만국의 문에는 사람 얼굴에 날개를 단 신화 속 동물이 새겨져 있었다. 왕실과 국가의 큰 행사에 초대 받은 사람들은 궁전의 규모와 화려함에 기가 눌리고 말았다.

다리우스 1세, 그는 누구인가?

기원전 522년, 귀족들의 추대를 받아 아케메네스 왕조 페르시아의 왕이 된 다리우스 1세는 반란군을 몰아내고 믿을 만한 신하에게 지역을 다스리게 했다. 그는 곧 이집트와 인더스 강 지역을 차지하여 유럽, 아시아, 아프리카 대륙에 이르는 넓은 땅을 지배하였다. 다리우스 1세는 아케메네스 왕조 페르시아의 왕실이 있는 곳과 주요 식민지의 도시를 잇는 '왕의 길'을 만들어 식민지를 효과적으로 다스렸다. 또 차지한 지역의 문화를 존중하며 관대한 지배 정책을 펼쳤다.

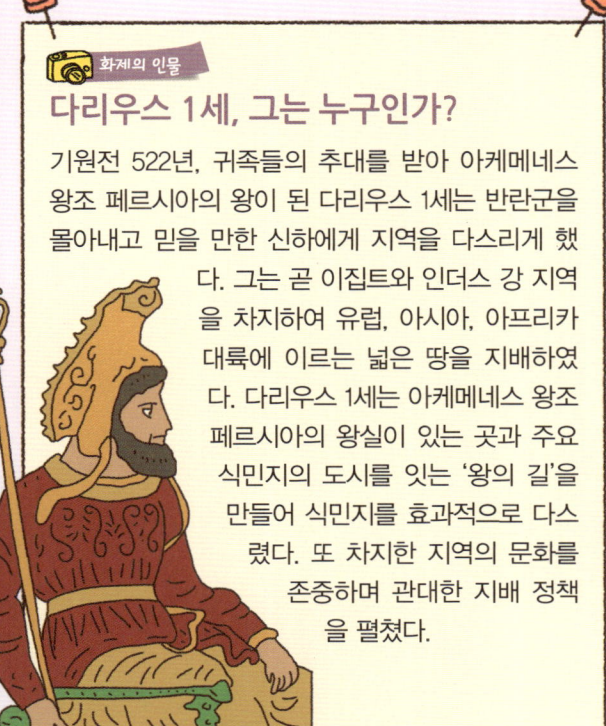

'조로아스터교'를 아십니까?

문화 수준이 높았던 아케메네스 왕조 페르시아에서는 조로아스터라는 인물이 그의 이름을 딴 새로운 종교를 만들었다. 이 종교의 핵심 사상은 '선한 신을 믿으면 심판의 날에 천국에 갈 수 있다.'는 것이다. 조로아스터교는 아케메네스 왕조 페르시아가 지배하던 여러 나라에 퍼졌다. 훗날 생긴 크리스트교와 이슬람교도 조로아스터교의 영향을 받았다.

특종 세계사 06 – 페리클레스

민주주의가 답이다!

✏️ 페르시아 전쟁 뉴스

기원전 5세기, 페르시아가 그리스에 있는 아테네를 침략했다. 페르시아가 유리해 보였지만 뜻밖에도 아테네가 승리했다. 당시 아테네 군사를 이끌었던 페리클레스의 승리 비결을 살펴보자.

 페르시아가 처음 아테네에 쳐들어왔을 때 우리는 페르시아를 막아 낼 힘이 없었소. 전쟁에 참여하는 병사 수도 턱없이 적었지요. 그러나 우리는 싸우기도 전에 겁을 먹지는 않았습니다. 병사들 모두가 똘똘 뭉쳐 승리의 기회를 엿보았지요. 아테네 군사들은 적당한 때를 살펴 기습 공격을 했습니다. 작전은 멋지게 성공했고, 당당히 페르시아를 몰아냈습니다.

1, 2차 전쟁에서 패한 페르시아는 10년 뒤 훨씬 많은 병사를 이끌고 다시 아테네를 쳐들어왔다. 아테네가 더 강력해진 페르시아를 막아 내기에는 힘겨운 상황이었다. 결국 이웃하고 있던 폴리스*에 도움을 청하여 연합군을 조직했다. 바다에서는 아테네가, 땅에서는 스파르타가 지휘하던 그리스의 연합군은 페르시아 군대를 몰아낼 수 있었다.

*폴리스: 오랜 옛날 그리스 땅에 있던 도시 국가.

페리클레스(그리스)
(기원전 495?~기원전 429년)
고대 그리스 아테네의 정치가.
페르시아 전쟁을 승리로 이끌고,
민주 정치를 실시함.

짤막 상식 페르시아 전쟁에서 유래한 마라톤

올림픽 경기의 하이라이트인 마라톤은 페르시아 전쟁의 일화에서 유래하였다. 기원전 490년, 페르시아와 아테네는 마라톤 평야에서 전투를 벌였다. 병사의 수가 적은 아테네가 질 것이라고 예상되었지만 전술을 잘 짠 아테네가 승리하였다. 이때 아테네의 병사 필리피데스는 승리의 소식을 전하기 위하여 40km가 넘는 거리를 뛰어와 "아테네가 이겼다!"고 외치고 쓰러졌다고 한다. 오늘날 42.195km를 달리는 마라톤 경기는 이 전쟁의 승리와 필리피데스를 기념하기 위해 만든 것이다.

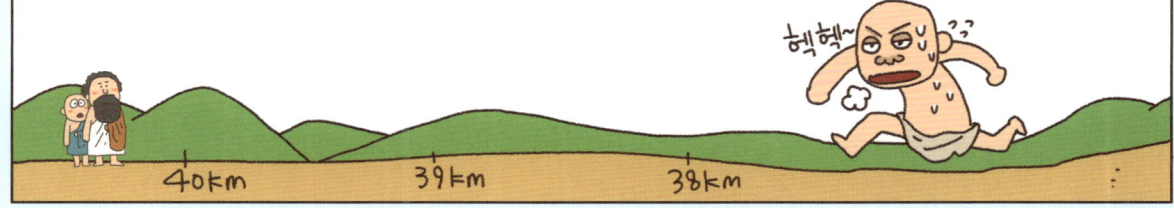

민주주의를 꽃피운 아테네

페르시아를 연이어 격파한 아테네는 그리스의 폴리스를 이끄는 중심 국가가 되었다. 아테네는 여기에 만족하지 않고, 새로운 정치 제도를 만들었다. 국민이 직접 나라의 중요한 일을 결정하기로 한 것이다. 이를 '민주주의'라고 한다. 실제 정치에 참여한 사람들은 여성과 노예, 외국인을 제외한 성인 남자들이었다. 모든 국민이 정치에 참여하지는 못했지만 당시로서는 매우 획기적이었고, 아테네가 발전하는 데 큰 힘이 되었다.

특종 세계사 07 - 소크라테스

지혜롭고 싶은 자, 생각하라!

✏️ 생각의 위대함을 가르쳐 준 거리의 선생

소크라테스를 흔히 '서양 철학의 아버지'라고 한다. 소크라테스가 등장하기 전에도 그리스에 철학자는 있었다. 그런데 왜 소크라테스를 서양 철학의 아버지라고 하는 것일까?

사색의 왕

소크라테스의 취미는 사색이었다. 사색은 생각에 깊이 잠기는 것을 말한다. 그는 인생, 국가, 사람, 자연 등 다양한 주제를 생각거리로 삼았다. 아침부터 다음 날 새벽까지 움직이지 않고 생각만 한 적도 있었다고 한다. 소크라테스는 누구나 사색을 통해 지혜를 얻고 인생의 진리를 발견할 수 있다고 생각했다.

청년들이여, 스스로 깨달아라!

사색을 통해 큰 지혜를 얻은 소크라테스는 아테네 청년들에게 '생각의 위대함'을 가르쳤다. 그는 '남들이 다 옳다고 하니까 나도 그렇다고 생각하는 것은 바람직한 자세가 아니다.'라고 말했다. 소크라테스는 스스로 생각하여 그것이 진리인지 아닌지를 판단해야 하며 그런 사람이 지혜로운 사람이 될 수 있다고 강조하였다.

소크라테스(그리스)
(기원전 469?~기원전 399년)
고대 그리스의 철학자.
생각과 질문을 통해
깨달음을 얻는 법을 가르침.

사형 선고와 억울한 죽음

아테네의 정치가들은 소크라테스가 청년들을 어지럽히고 신을 모욕했다며 체포하였다. 소크라테스는 법정에서 끝까지 자기의 잘못을 인정하지 않았다. 결국 소크라테스는 사형 선고를 받아 제자들이 지켜보는 가운데 독이 든 잔을 마시고 죽었다.

화제의 인물 — 그리스의 학자들을 만나다

소크라테스의 제자로, 많은 철학책을 쓰고, '아카데미'라는 학교를 만들었다.

플라톤

논리학, 윤리학 같은 전통 철학과 물리학, 화학 등 과학 발전에 기여하였다.

아리스토텔레스

도형과 공간의 성질을 연구하여 유클리드 기하학을 만들었다.

유클리드

처음으로 지구의 둘레를 계산하는 데 성공했다.

에라토스테네스

목욕탕에서 부력의 원리를 발견하고 알몸으로 나와 '유레카'라고 외친 일화가 유명하다.

아르키메데스

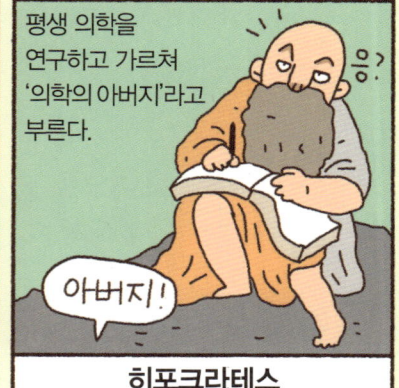

평생 의학을 연구하고 가르쳐 '의학의 아버지'라고 부른다.

히포크라테스

특종 세계사 08 – 알렉산드로스

세계 정복을 꿈꾼 왕

알렉산드로스(마케도니아)
(기원전 356~기원전 323년)

마케도니아의 왕. 그리스~페르시아~인더스 강 유역에 이르는 대제국을 건설함.

세계 정복을 꿈꾼 야심만만 청년 왕

*헬레니즘 문화: 그리스 문화에 아시아 문화를 더하여 만들어진 문화.

특종 세계사 09 – 시황제

내가 처음 중국을 통일했소!

기원전 221년, 중국을 통일한 나라는 진나라였다. 중국 땅에서 팽팽하게 세력을 다투던 나라들이 하나로 합쳐지고, 춘추 전국 시대가 끝났다.

내가 최초로 중국 통일을 이룬 비결을 요약해서 설명할게.

❶ 이제 왕이 직접 다스린다!

시황제는 13세 어린 나이에 진나라의 왕이 되었다. 그래서 신하인 여불위가 왕을 대신해 진나라를 다스렸다. 허수아비에 불과했던 시황제는 22세 때 여불위를 몰아내고 신하들에게 "지금부터는 내가 나라를 직접 다스리겠노라!"라고 선포하였다.

📷 현장 취재

중국 제도의 기초를 다진 진나라

후대의 사람들은 진나라가 중국의 기초를 다졌다고 평가한다. 시황제를 도와 여러 가지 개혁을 추진했던 정치가를 만나 당시 상황을 들어 보았다.

"7개로 흩어져 있던 나라를 통일하고 보니 여러 가지 문제점이 생겼습니다. 각 나라마다 다른 문자와 돈을 사용하여 혼란스러웠지요. 그래서 우리는 문자와 화폐, 길이와 무게 따위의 단위를 하나로 만들었습니다. 또, 중앙에서 지방을 관리하기 시작했습니다. 지역을 잇는 도로를 짓기도 했지요."

🔍 그것이 알고 싶군

진나라는 왜 15년 만에 망했을까?

진나라는 통일 후 새 궁궐을 세우고, 엄청난 규모의 시황제 무덤을 지었으며, 흉노족을 막기 위해 국경 지역에 만리장성을 쌓았다. 백성들은 엄청난 세금을 내고 공사에 동원되었다. 황제의 뜻과 다른 주장을 펼치는 학자를 죽이고, 책을 불태우는 일도 있었다. 결국 분노에 찬 사람들은 반란을 일으켰고, 진나라는 통일한 지 15년 만에 망하고 말았다.

만리장성을 두고 세계에서 가장 긴 무덤이라고도 해.

시황제(중국)
(기원전 259~기원전 210년)

중국 진나라의 제1대 황제. 처음으로 중국을 통일함.

❷ 인재여, 나를 따르라!

시황제는 중국 통일을 위해 유능한 인재를 뽑았다. 강력한 법을 만들고, 나라의 군사력도 키웠다. 시황제를 돕던 인재들은 진나라가 중국을 통일하는 데 주요한 밑거름이 되었다.

❸ 보상은 확실하게!

전투에 공을 세운 병사에겐 푸짐한 상과 벼슬을 주고, 패배한 병사에게는 벌을 주었다. 군대의 기강이 바로 섰고 병사들은 상을 받기 위해 용감하게 싸웠다. 진나라는 강력한 군사력으로 당시 중국 땅에 있던 여섯 나라를 차례대로 정복할 수 있었다.

❹ 나는 황제다!

통일을 이룬 시황제는 왕의 칭호를 황제로 바꾸었다. 그는 황제의 권위에 도전하는 것을 막기 위해 전국을 36개의 지방으로 나누어 믿을 만한 신하들을 직접 보냈다. 그 덕분에 살아 있는 동안 막강한 권력을 휘둘렀다.

세상에 이럴 수가
시황제의 무덤을 지키는 병마용

병마용은 시황제의 무덤을 지키기 위해 흙으로 만든 병사들과 말 인형이다. 병사 인형의 수만 7000여 개 정도이며 크기도 실제와 비슷했다. 이렇게 엄청난 규모의 무덤을 지은 것을 보면 당시 시황제의 권력이 매우 강했음을 알 수 있다.

> 황제께서 7000개를 만들라고 하시는군.

특종 세계사 10 – 한니발

코끼리 부대여 싸우자!

한니발(카르타고)
(기원전 247~기원전 183?년)
카르타고의 군사 총사령관.
로마를 정복하려고 전쟁을 일으킴.

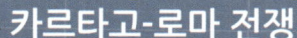
카르타고-로마 전쟁

지중해 유역에 있던 카르타고는 로마와 충돌했다. 그 무렵 한니발이 태어났다.

응애~

한니발의 아버지는 로마라면 이를 갈았다.

무조건 카르타고가 지중해에서 제일 강해야지.

으드득~

아버지의 영향을 받은 한니발은 카르타고 군대를 이끄는 총사령관이 되었다.

카리스마!

한니발은 지금의 스페인이 있는 곳을 쳐들어갔다.

휘익~♪
카르타고 접근금지
슬금슬금
스페인 북부

로마가 먼저 찜했거든.
먼저 차지하면 주인이지.
우리가 차지할 거야.

로마의 위협에도 한니발은 뜻을 굽히지 않았다.

로마를 완전히 정복해 주겠어!

한니발 군대는 무적의 코끼리 부대를 이끌고 전쟁터로 나아갔다. 코끼리 부대를 본 로마 병사들은 혼비백산*하였다. 로마군을 격파한 한니발 부대는 피레네 산맥을 넘어 이탈리아로 향했다.

다 덤벼!

히익~

*혼비백산(魂飛魄散): 몹시 놀라 어지러이 흩어지는 모습.

특종 세계사 11 – 항우, 유방

승자는 전쟁이 끝나야 아는 법!

항우(중국)
(기원전 232~기원전 202년)
중국 진나라 장수.
반란을 일으켜
진나라를 멸망시킴.

유방(중국)
(기원전 247?~기원전 195년)
중국 한나라 황제.
항우를 이기고
한나라를 세움.

초한 전쟁, 최종 승자는?

기원전 206년, 항우와 유방은 중국을 통일하기 위해 본격적으로 전쟁을 벌였다. 항우는 초나라의 왕이었고, 유방은 한나라의 왕이어서 이 전쟁을 초한 전쟁이라고 한다.
기원전 202년, 유방은 항우와의 싸움에서 승리를 거두었다. 유방에게 쫓기는 신세가 된 항우는 스스로 목숨을 끊었다. 유방이 세운 한나라는 점차 세력을 넓혀 진나라에 이어 중국을 통일하였고, 나라는 400년 넘게 이어졌다.

🔍 사회 요런조런

장기에 영향을 준 초한 전쟁

장기는 놀이판 위에 말을 놓고, 서로의 말을 따먹는 놀이다. 장기에서 최종 승자는 상대편 대장 말을 먼저 잡는 사람이다. 우리나라는 장기를 중국에서 받아들였는데, 대장 말에 초나라를 뜻하는 초(楚)와 한나라를 뜻하는 한(漢)이 쓰여 있어 항우와 유방이 중국에서 벌였던 초한 전쟁을 연상하게 된다.

특종 세계사 12 – 사마천

《사기》의 탄생

사마천(중국)
(기원전 145?~기원전 86?년)
한나라의 역사가.
중국의 대표 역사책
《사기》를 완성함.

기원전 108년, 한나라의 역사가 사마천은 큰 뜻을 품고 붓을 들었다. 아버지 사마담의 역사서를 완성하기로 한 것이다.

중국이 처음 생겼을 때부터 한나라 시대까지 3000년 역사를 기록해 보겠어!

벼슬 일을 마치면 집에 와서 책을 썼다.

자료 정리하랴, 책 쓰랴, 바쁘다 바빠!

그러던 사마천에게 불행이 닥쳤다.

뭐라고? 황제의 말에 토를 달아?

흉노와의 전쟁에서 지고 항복한 자를 감싸다니, 네 이놈!

당시 한나라 황제 무제

하지만 용감하게 싸웠으니 그를 용서해 주소서.

뭐야? 그렇다면 사마천 너도 사형!

사마천은 하루아침에 죽을 위기에 처했다.

《사기》를 다 쓰려면 사형만은 피해야 해.

동양을 대표하는 고전, 《사기》

《사기》는 중국 국왕들의 업적과 각종 제도 및 인물들의 활동에 대하여 생동감 넘치게 서술했다. 《사기》를 읽으면 역사 공부도 하고 조상들의 지혜도 얻을 수 있다. 사면초가(四面楚歌: 아무에게도 도움을 받을 수 없는 위험한 상황), 중과부적(衆寡不敵: 수가 적어 많은 상대와 맞서기 어렵다.) 등 숱한 고사성어가 《사기》에서 나왔다.

특종 세계사 13 – 장건

서역 여행, 13년간의 모험

장건(중국)
(?~기원전 114년)
한나라 때의 관리. 중국에서 서아시아로 가는 길을 개척함.

기원전 139년경, 장건은 한나라 황제 무제가 준 임무를 수행하기 위해 중국 대륙을 가로질러 서쪽으로 향했다.

"대륙의 서쪽 끝에 있는 월지국과 힘을 합쳐 흉노를 정벌할 것이다. 누가 월지국에 가서 내 뜻을 전하겠느냐?"

한나라 무제

"맡겨 주세요!"

한나라 출발

10년간의 포로 생활
장건 일행은 얼마 안 가 흉노족에게 잡혀 포로가 되었다. 장건은 10년 동안 붙잡혀 있었다.

"얼마 오지도 못했는데……."

어흑!

서역으로 출발
당시 월지국까지 가는 일은 무척 위험한 임무여서 나서는 신하가 없었다. 이때 장건이 나섰다.

짤막 상식 | 비단길을 오간 동서양 물품

기원전 119년, 장건은 서역으로 또 한 번 파견된다. 장건의 여행길은 동양과 서양의 물건을 교류하는 통로가 되었다. 상품 교류를 이끈 것은 비단길의 중간 지역인 중앙아시아의 상인들이었다. 이들을 통해 오이, 포도, 당근, 석류, 마늘 같은 작물이 중국과 우리나라에 전해졌다. 중국에서 만든 비단, 종이 등이 중앙아시아를 거쳐 유럽에 전해지기도 했다.

뷰티풀~♡

특종 세계사 14 – 옥타비아누스

로마에서 가장 존귀한 자

✏️ 옥타비아누스가 로마 황제가 된 과정

원래 로마는 귀족들이 모여 나라의 중요한 일을 결정했다. 이를 공화정이라고 한다. 그러다가 황제가 나라를 다스리는 제정이 시작되었다. 로마의 첫 번째 황제가 된 사람은 옥타비아누스였다.

카이사르의 어린 후계자

기원전 45년, 카이사르는 반대 세력을 누르고 로마의 최고 지도자가 되었다. 그러나 카이사르에게는 후계자가 없었다. 카이사르는 친척인 옥타비아누스의 총명함을 보고, 유언장에 그를 후계자로 지명했다. 막강한 힘을 가진 카이사르가 귀족들에게 암살당하자 옥타비아누스는 18세의 어린 나이에 로마의 최고 지도자 중 한 명이 되었다.

반대 세력과 맞선 옥타비아누스

옥타비아누스는 어렸지만 천천히 힘을 키워 갔다. 최고 지도자 중 한 명이었던 안토니우스는 옥타비아누스를 몰아내려고 반란을 일으켰다. 멀리 이집트의 여왕 클레오파트라도 안토니우스를 도왔다. 하지만 옥타비아누스는 반란군을 잘 물리쳤다.

옥타비아누스(로마)
(기원전 63~기원후 14년)
로마의 제1대 황제. 로마의 질서를 정비하고, 문화의 황금시대를 이룸.

로마의 아우구스투스

기원전 27년, 로마의 귀족들은 옥타비아누스에게 '존귀한 자'라는 뜻의 아우구스투스 칭호를 바쳤다. 옥타비아누스를 유일한 최고의 지도자로 받들겠다는 표시였다. 황제가 된 옥타비아누스는 제도를 개혁하고, 전국의 도로와 수도 시설을 정비해서 국가의 기반을 튼튼하게 닦았다.

📷 화제의 인물
야망이 컸던 클레오파트라

아름다운 클레오파트라가 이집트의 왕이 되었을 때 이집트는 로마의 지배를 받았다. 클레오파트라는 로마로부터 독립하려고 카이사르를 유혹하여 연인으로 만들었다. 카이사르가 죽은 뒤에는 안토니우스와 사귀었다. 하지만 클레오파트라의 꿈은 옥타비아누스가 안토니우스 군대를 무찌른 후 물거품이 되었다. 절망한 클레오파트라는 스스로 뱀에 물려 죽었다.

✏️ 짤막 상식
8월은 옥타비아누스의 달

유럽 사람들은 중세 시대까지 로마 시대에 만든 달력을 사용했다. 각 달의 이름은 로마의 신이나 영웅의 이름에서 따왔는데 현재까지도 이어지고 있다. 로마의 달력에서 8월은 '아우구스투스의 달'이었다. 요즘도 8월을 영어로 오거스트(August)라고 한다.

특종 세계사 15 – 예수

이웃을 네 몸과 같이 사랑하라!

✏️ 명작 그림으로 되짚어 보는 예수의 일생

30년경, 로마의 지배를 받던 팔레스타인 지방에서 새 종교가 생겼다. 예수가 창시한 크리스트교이다. 크리스트교는 처음에 로마의 박해를 받았지만, 훗날 유럽 사람들 대부분이 믿는 종교가 되었다.

예수를 '그리스도'라고도 부르는데 '구세주'라는 뜻이죠.

마구간에서 태어난 목수의 아들

예수는 기원전 4년경, 이스라엘의 목수 요셉과 부인 마리아 사이에서 태어났다. 예수는 마구간에서 태어났다. 예수가 태어나던 날 밤, 하늘에서 천사가 나타나 예수의 탄생을 알렸다고 전해 온다. 그래서 크리스트교 신자들은 예수가 하나님의 아들이라고 믿는다.

▲〈아기 예수의 탄생〉, 샤를 앙드레 반 루

거리에서 크리스트교 사상을 전하다

예수는 30세 무렵에 집을 나와 요한에게 세례를 받았다. 40일 동안 기도와 명상을 하면서 신의 말씀을 전할 수 있는 정도에 이르자 사람들에게 '하나님은 모든 사람을 사랑하며 하나님을 믿는 사람은 누구나 천국에 갈 수 있다.'고 가르쳤다. 가난하고 힘없는 사람들은 예수의 말에 용기와 희망을 얻어 예수를 따랐다.

▲〈비유로 가르치시는 예수님〉, 칼 하인리히 블로흐

예수 (이스라엘)
(기원전 4?~기원후 30년)
크리스트교의 창시자.
요한에게 세례를 받고 복음을
전파하다가 십자가에 못 박혀 죽음.

▲〈십자가에 못 박히는 예수〉, 알브레히트 알트도르퍼

십자가에 못 박힌 예수

예수의 사상을 따르는 사람이 많아지자 지도자들은 예수에게 나라를 어지럽힌 죄를 씌워 체포하였다. 로마 총독은 재판에서 예수를 십자가에 못 박아 죽이라는 판결을 내렸다. 성경에 따르면 예수는 십자가에 못 박혀 죽은 지 3일 만에 다시 살아났다고 한다.

 화제의 인물

크리스트교 전파의 일등 공신, 바울

유태인 출신인 바울은 원래 크리스트교를 믿지 않았다. 하지만 예수를 만나고부터 완전히 달라졌다고 한다. 바울은 배움이 깊고, 매우 똑똑한 사람이어서 크리스트교의 교리를 정리하는 데 큰 공을 세웠다. 또 사람들에게 예수의 가르침을 전하는 여행을 세 차례 떠나 크리스트교가 빠르게 로마와 유럽에 전파될 수 있었다.

📷 현장 취재

초기 크리스트교 신자들의 공동 무덤

로마 시와 그 주변 지역에서는 '카타콤'이라는 지하 시설이 종종 발견되었습니다. 왕바쁨 기자가 그곳에 다녀왔습니다.

안녕하십니까, 여기는 로마의 카타콤입니다. 크리스트교가 생겼을 당시, 로마 정부는 새로운 종교를 탄압하였습니다. 하지만 신자들은 정부의 눈을 피해 땅속 깊은 곳에 카타콤을 지어 몰래 예배를 보고, 신자가 죽으면 지하 무덤에 묻기도 하였습니다. 로마 정부의 강력한 탄압에도 크리스트교는 빠르게 퍼져 나갔습니다. 결국 크리스트교는 300년이 넘는 모진 시련을 견디고, 콘스탄티누스 대제가 발표한 밀라노 칙령을 통해 공식적인 종교로 인정받았습니다.

지금까지 로마 카타콤에서 전해 드린 왕바쁨 기자였습니다.

특종 세계사 16 - 조조, 유비, 손권

위·촉·오, 《삼국지》

《삼국지》의 세 영웅, 최종 승자는?

한나라가 멸망하자, 위, 촉, 오, 세 나라가 경쟁하였다. 이 시대를 중국의 삼국 시대라고 한다. 소설 《삼국지》의 배경이 된 시대이다. 삼국의 지도자는 조조, 유비, 손권이었다.

조조 황건적의 난을 진압하면서 지도자로 성장했다. 조조의 아들 조비가 220년에 중국 북쪽 지역에 위나라를 세우고, 조조를 황제로 추존*하였다.

내가 중국을 통일할 거다.

유비 한나라 왕족으로, 황건적을 토벌하고, 세력을 모아 221년에 중국 서쪽 지방에 촉나라를 세웠다.

나 유비를 물로 보는군!

손권 한나라의 군사 지도자였던 형의 세력을 이어 229년에 중국 동남쪽에 오나라를 세웠다.

나 손권이 있는데 무슨 소리!

*추존(追尊): 살아 있을 당시에는 왕이 아니었지만 죽은 뒤에 왕으로 모시는 것.

삼국 시대의 간추린 역사

위, 촉, 오, 삼국 중 가장 강한 나라는 조조의 위나라였다. 위기를 느낀 촉나라와 오나라는 한편이 되어 양쯔 강에서 벌어진 적벽 대전에서 위나라에 큰 승리를 거두었다. 협력 관계였던 촉나라와 오나라는 나중에 큰 전투를 벌였는데 이 싸움에서 오나라가 승리하였다. 손권은 죽을 때까지 오나라를 잘 다스렸고, 촉나라는 유비가 죽은 뒤에도 그의 아들 유선이 남북으로 영토를 넓혀 풍요로웠다.

열받아. 둘이서 짜고 날…….

조조(중국)
(155~220년)
위나라의 시조.

유비(중국)
(161~223년)
촉나라의 제1대 황제.

손권(중국)
(182~252년)
오나라의 제1대 황제.

삼국 시대의 결말

삼국 시대의 최종 승자는 따로 있었다. 위나라는 263년에 촉나라를 공격하여 멸망시켰다. 그 뒤 위나라의 신하였던 사마염은 조조의 후손인 조환을 몰아내고 265년에 진나라를 세웠다. 사마염은 군대를 보내어 오나라도 정복하였다. 진나라의 통일로 약 60년에 걸친 삼국 시대가 끝났다.

> 📷 화제의 인물
>
> ### 유비의 든든한 지원군, 관우와 제갈량
>
> 삼국 시대를 연 조조, 유비, 손권만큼 유명한 인물이 관우와 제갈량이다. 관우는 유비에게 끝까지 충성을 바쳐 왕을 모시는 신하들의 모범이 되었다. 전투에 나가면 용감히 맞서 싸웠으며 항복을 몰랐다. 영리한 제갈량은 전쟁 작전을 짜는 데 아주 탁월했다. 한 번에 여러 대의 화살이 나가는 활을 직접 발명하기도 하였다. 
>
> (관우) "이 '적토마'는 특별한 사람만 탈 수 있어. 엄청 빠르지."
>
> (제갈량) "유비 폐하는 날 데려가려고 삼고초려*를 했다고."
>
> *삼고초려(三顧草廬): 유비가 제갈량을 맞아들이기 위해 세 번이나 찾아가 권한 일화에서 비롯한 말로, 인재를 맞기 위해 참을성 있게 노력하는 것을 뜻함.

특종 세계사 17 - 트라야누스

모든 길은 로마로 통한다

✏️ 지도로 보는 로마의 발전

트라야누스 황제가 다스리던 때의 로마는 세계에서 가장 넓은 땅을 차지한 나라였다. 지중해를 가운데 두고, 유럽과 북아프리카, 서아시아까지 모두 로마의 땅이었다.

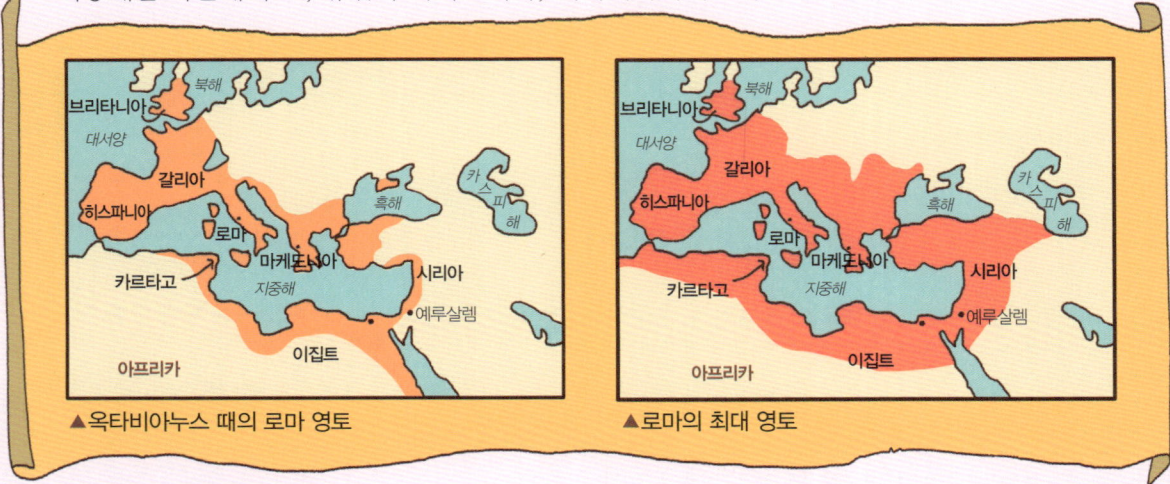

▲옥타비아누스 때의 로마 영토　　　▲로마의 최대 영토

로마, 내가 제일 잘나가!

포에니 전쟁에서 승리한 로마는 계속해서 영토를 넓혀 갔다. 카이사르는 군대를 이끌고 알프스 산맥을 넘어 지금의 프랑스와 스페인 지역까지 차지했다.

지중해는 로마의 호수

카이사르의 뒤를 이은 옥타비아누스는 북아프리카와 그 주변 지역을 차지했다. 로마의 시민들은 넓은 지중해를 '로마의 호수'라고 불렀다.

모든 길은 로마로 통한다

옥타비아누스 이후 로마는 약 200여 년 동안 평화로웠다. 트라야누스 황제 때에는 로마의 역사상 가장 넓은 영토를 차지하였다. 로마는 새로 차지한 땅을 잘 다스리기 위하여 도로를 연결하고, 관리를 파견했다. 로마 사람들은 '이 세상의 모든 길은 로마로 통한다.'라고 자랑하고 다녔다.

▼로마의 원형 경기장, 콜로세움

트라야누스 (로마)
(53~117년)

로마의 황제.
로마 역사상
최대 영토를 차지함.

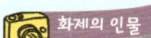 화제의 인물

로마의 전성기를 이끈 5명의 황제

네르바 ⋯› 트라야누스 ⋯› 하드리아누스 ⋯› 안토니우스 피우스 ⋯› 마르쿠스 아우렐리우스

위 다섯 명은 옥타비아누스의 뒤를 이어 로마를 다스린 5명의 지혜로운 황제이다. 이들이 다스리던 때에 로마는 영토를 넓히고, 문화를 발전시켰다. 그럴 수 있었던 비결은 똑똑한 인재를 양아들로 삼아 황제의 자리를 넘겨주었기 때문이었다. '로마의 평화 시대'에는 정치적으로 매우 평화로웠고, 서민들을 위한 정치가 이루어졌다.

짤막 상식

그리스 신화가 그리스·로마 신화로?

고대 그리스인들이 만든 그리스 신화는 오랜 기간 전해져 많은 예술 작품에 영향을 주었다. 그리스 지역을 차지한 로마는 엄청난 그리스 신화의 주인이 되고 싶어 그리스 신화에 나오는 신들의 이름을 로마의 것으로 바꾸었다. 제우스는 유피테르가 되고, 포세이돈은 넵투누스가 되었다. 이후 현재까지도 같은 신을 가리키는 이름이 두 가지로 전해 온다.

특종 세계사 18 - 샤푸르 1세

로마에 맞선 방패왕

샤푸르 1세(페르시아) (?~272년)
사산 왕조 페르시아의 황제. 로마의 침략을 몰아내고 나라의 영토를 넓힘.

사산 왕조 페르시아의 전성기를 이끌다

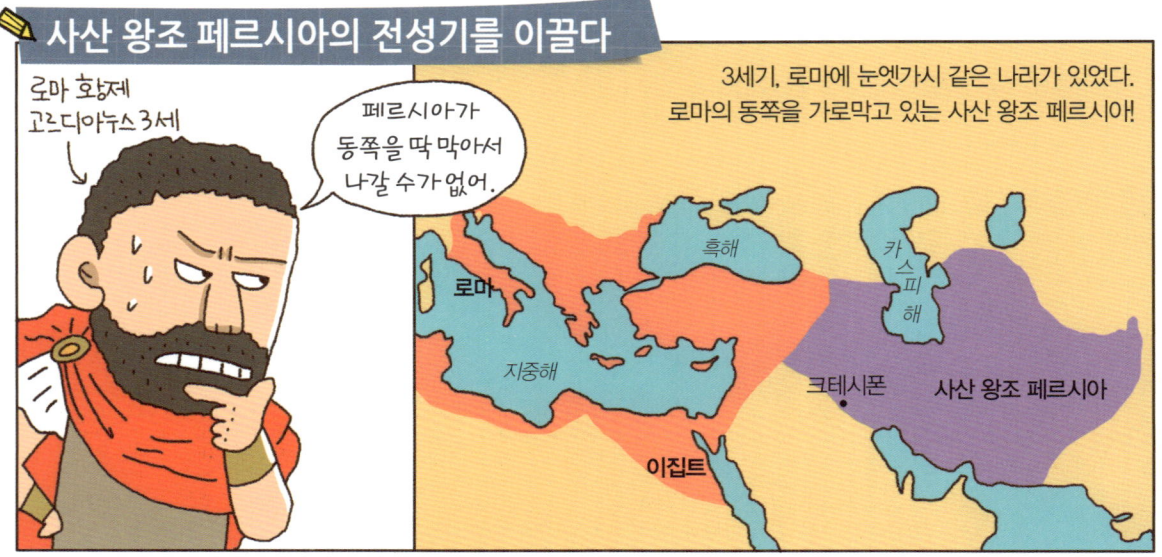

그것이 알고 싶군

사산 왕조 페르시아는 무역 선진국

사산 왕조 페르시아는 유럽과 아프리카, 아시아를 잇는 위치 덕분에 무역이 발달하였다. 세계 곳곳의 문화가 사산 왕조 페르시아로 들어오고, 사산 왕조 페르시아의 물건들은 세계 각지로 전해졌다. 1000일 동안 이어지는 이야기를 모은 《아라비안나이트(천일 야화)》는 인도의 설화에 사산 왕조 페르시아의 여러 이야기를 더한 것이다. 사산 왕조 페르시아의 대표적인 특산물이었던 은 공예품은 널리 퍼져 중국 당나라와 우리나라, 일본에까지 영향을 주었다.

특종 세계사 19 - 찬드라굽타 2세

인도를 소개합니다!

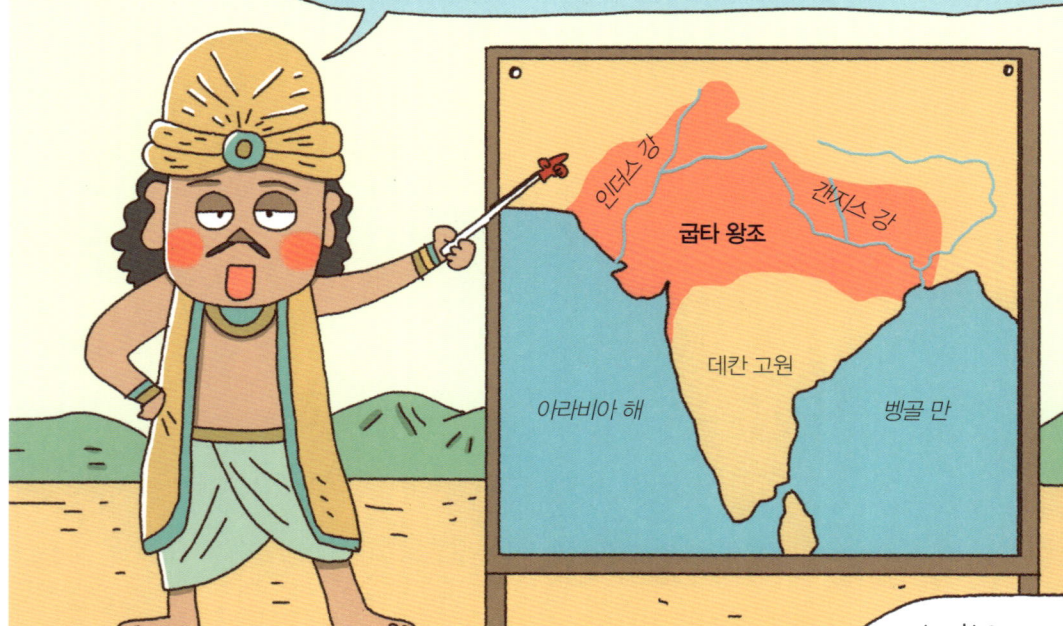

오랜 옛날부터 문화 선진국이었던 인도

인도 북부에는 인더스 강과 갠지스 강이라는 두 개의 큰 강이 있다. 기원전 2500년경 인더스 강에서는 세계 4대 문명 중 하나가 생겼다. 불교가 창시된 곳도 인도이다. 찬드라굽타 1세가 일으킨 굽타 왕조 시대에는 인도 고전 문화의 황금기라고 부를 정도로 문화가 발달하였다. 새로운 종교인 힌두교가 생기고 인도 고유의 색깔이 강한 불교 미술품이 만들어지기도 하였다.

찬드라굽타 2세(인도)
(?~?년)
인도 굽타 왕조의 전성기를 이끈 왕. 인도의 북부 지역 대부분을 차지함.

종교의 나라 인도

힌두교는 아주 오랜 옛날 인도에 와서 자리 잡고 살기 시작한 아리아인들의 브라만교에서 유래하였다. 불교가 널리 퍼질 당시에는 브라만교를 믿는 사람이 점점 줄었다가 4세기경 인도의 여러 신을 믿는 종교와 합하여 힌두교로 발전하였다. 이제 힌두교는 인도 사람 대부분이 믿는 종교가 되었다.

그것이 알고 싶군
인도의 남북을 가로막은 데칸 고원

굽타 왕조는 넓은 땅을 차지했지만 인도 대륙의 완전한 통일을 이루지는 못하였다. 여기엔 이유가 있었다. 인도의 땅 가운데에 높이가 최고 1500m에 이르는 데칸 고원이 가로막고 있었기 때문이다. 굽타 왕조 시대에 데칸 고원 남쪽에는 피부색이 더 검은 인도의 원주민들이 살고 있었다. 남부의 인도 원주민들은 활발한 바다 무역을 통해 동남아시아로 진출하였다.

45

특종 세계사 20 - 아우구스티누스

크리스트교의 성자

아우구스티누스(로마)
(354~430년)
로마 말기 때의 사상가.
크리스트교를 전파하고
《고백록》을 남김.

로마 말기, 북아프리카에 있는 작은 마을에 방황하는 젊은이가 있었다.
그의 이름은 아우구스티누스였다.

"아들아, 엄마랑 같이 교회 가자!"

"안 가요. 따분해." 쳇!

하~품

"아들아, 정신 좀 차려야지. 공부도 하고, 기도도 하고……."

흥!

그러던 어느 날, 아우구스티누스는 깊은 생각에 잠겼다.

"정말 공부를 좀 해 볼까?"

BIBLE

짧막 상식

아우구스티누스가 남긴 책들

아우구스티누스는 밀라노에서 암브로시우스의 설교를 듣고 반하고 말았다. 그동안 해결되지 않았던 크리스트교의 가르침과 교회에 대한 의심이 한 번에 사라지는 순간이었다. 아우구스티누스는 자기의 생각을 정리하기 위해 글을 쓰기 시작했다. 《고백록》,《삼위일체론》,《신국론》 등은 아우구스티누스의 대표작이다.

▲아우구스티누스가 쓴 《신국론》

특종 세계사 21 – 쇼토쿠 태자

새로운 일본으로 변신 준비!

✏️ 쇼토쿠 태자가 말하는 일본의 미래

일본은 사방이 바다로 둘러싸여 다른 나라와 교류가 적었다. 그러나 7세기에 들어 사정이 달라졌다. 새로운 일본을 만들기 위해 천황을 도와 나랏일을 돌보았던 쇼토쿠 태자와 이야기를 나누어 보았다.

> 일본이 발전하려면 선진국의 문화와 기술을 적극 받아들여야 하므니다.

기자 고대 일본의 요메이 천황의 둘째 아드님이시지요? 어떻게 일본의 최고 지도자가 되었나요?

쇼토쿠 저의 숙모님은 일본에서 처음으로 여자 천황이 되셨습니다. 숙모님은 천황이 되신 뒤 나에게 최고 지도자 자리를 맡기셨습니다.

기자 왜 선진국과 문화 교류를 추진하셨나요?

쇼토쿠 교류 정책을 추진한 이유는 일본에 변화의 바람을 불어넣기 위해서입니다. 고인 물은 쉽게 썩지요. 나라도 발전하려면 선진국의 좋은 문화, 제도, 기술을 받아들여야 합니다. 나의 개방 정책이 일본에 좋은 미래를 가져오리라 확신합니다.

기자 태자님께서 한 일은 무엇인가요?

쇼토쿠 우리 일본은 국가로 나아가기 위한 준비가 부족했습니다. 나는 왕의 힘을 강하게 다지기 위해 불교를 적극 활용했어요. 중국에 사절단을 보내어 제도와 법률, 학문과 기술 등을 배워 오게 했지요. 그 덕분에 일본은 법과 관직을 만들고, 고대 국가로 발전할 수 있도록 기틀을 마련했습니다.

쇼토쿠 태자 (일본)
(6세기 말~622년)

고대 일본의 왕족, 정치가. 일본에 불교를 뿌리내리게 해 왕권을 키우고 호류 사를 세움.

그것이 알고 싶군 — 고대 일본은 어떻게 발전했나?

'조몬 문화'라고 부르는 신석기 문화가 발전하였다.	기원전 3세기경, 한반도에서 청동과 철 만드는 기술, 벼농사 기술을 받아들였다. '야요이 시대'라고 한다.	4세기경부터 백제, 고구려, 신라와 교류하고, 중국의 앞선 문물을 받아들였다.	7세기경, 국왕이 중심이 되어 나라를 다스리는 정치가 이루어졌다.

현장 취재
세계에서 가장 오래된 목조 건물, 호류 사

나라 지방에 있는 호류 사는 쇼토쿠 태자가 불교를 널리 전파하기 위해 세운 절이다. 일본의 불교는 우리나라에서 전해졌는데 호류 사의 건축물에서 그 흔적을 찾아볼 수 있다. 부처님을 모신 건물인 금당 내부의 벽화는 고구려 승려 담징이 그렸다. 호류 사 목탑은 백제의 정림사지 5층 석탑을 닮았다. 607년에 완성된 호류 사는 1949년에 화재가 일어나 일부분이 훼손되어 지금은 우리 조상이 그린 벽화를 볼 수 없다.

짤막 상식
일본에 전해진 삼국의 앞선 기술들

쇼토쿠 태자는 고구려 승려인 혜자의 가르침을 받았다. 고구려, 백제, 신라의 앞선 문화는 일본에 전해져 고대 아스카 문화*가 등장하는 데 큰 영향을 주었다. 4세기 무렵, 백제의 근초고왕은 아직기를 보내 《천자문》과 《논어》를 전해 주고, 불상과 불경을 보냈다. 고구려의 승려 담징은 호류 사 금당에 벽화를 그리고, 종이와 먹을 만드는 방법을 가르쳐 주었다. 신라는 삼국 중 일본과 가장 가까운 위치에 있어 일본 사신에게 배, 성 등을 만드는 기술을 가르쳐 주었다.

*아스카 문화: 일본의 아스카 지역에서 발달한 최초의 불교문화.

특종 세계사 22 - 클로비스

프랑크족을 하나로!

클로비스(프랑크 왕국)
(465?~511년)
프랑크 왕국의 제1대 국왕.
프랑크족을 통합하여
프랑크 왕국을 만듦.

📝 게르만족의 이동, 새로운 강대국 프랑크 왕국

끝나지 않을 것 같았던 로마의 영광도 기울고, 나라가 두 개로 나뉘더니 급기야 서로마가 멸망하였다. 그 무렵, 북쪽에 있던 게르만족이 훈족의 압력을 피해 남쪽으로 내려왔다. 서로마가 있던 지역에는 여러 개의 작은 나라가 세워졌다.

프랑크 왕국의 클로비스는 백성들의 마음을 모으기 위해 고민했다.

생각났다! 나 천재!

🔍 그것이 알고 싶군

파리는 언제부터 유명해졌을까?

서부 유럽과 남부 유럽의 경계에 있는 프랑스의 수도는 파리이다. 파리가 유럽을 대표하는 도시가 된 것은 클로비스 왕이 6세기에 프랑크 왕국의 수도를 파리로 옮기면서부터였다. 이때부터 파리는 유럽 정치의 주요 도시가 되었고, 점점 세계의 패션, 미술, 문학의 유행을 주도하여 '예술의 도시'란 별명도 갖게 되었다.

특종 세계사 23 – 유스티니아누스 대제

옛 로마의 영광을 되찾으리

유스티니아누스 대제*의 업적 세 가지

동로마는 서로마가 멸망한 후에도 약 1000년 동안 강대국 자리를 지켰다. 동로마의 전성기를 이끈 것은 유스티니아누스 대제였다. 당시 사람들이 말하는 유스티니아누스 대제의 업적을 살펴보자.

1 영토 확장

유스티니아누스 대제께서는 과거 로마의 영광을 부활시켰습니다. 로마의 식민지였다가 독립한 북아프리카의 반달 왕국을 다시 동로마 식민지로 만드셨죠. 로마가 처음 세워진 이탈리아반도에서도 동고트 왕국을 몰아냈습니다.
또 스페인 남부를 공격해 지중해를 둘러싼 지역 곳곳에 영향력을 행사하였습니다.

■ 원래 동로마 영토   ■ 유스티니아누스 대제 때 회복한 영역

*대제: 황제를 높여 이르는 말.

화제의 인물
유스티니아누스 대제의 용감한 아내, 테오도라

532년, 유스티니아누스 대제는 곤경에 빠졌다. 세금 정책에 불만을 가진 백성들이 반란을 일으킨 것이다. 대제는 겁을 먹고 도망갈 생각을 했다. 이때 황후 테오도라는 유스티니아누스 대제에게 "비겁하게 도망가지 말고 맞서 싸우세요."라고 말했다. 용기를 얻은 대제는 군대를 동원해 반란을 진압한 뒤 동로마의 전성기를 이끌었다.

유스티니아누스 대제(동로마)
(483~565년)

동로마 전성기 때의 대제. 로마의 법을 모아 정리한 《유스티니아누스 법전》을 편찬함.

2 역사에 길이 빛날 법전 편찬

법은 나라를 다스리는 데 가장 중요한 기준이 됩니다. 대제께서는 1000년 넘게 이어 온 로마의 법을 정리하여 《유스티니아누스 법전》을 만들게 했습니다. 이때 만든 로마법은 훗날 세계 여러 나라의 법에 큰 영향을 주었답니다.

3 콘스탄티노폴리스를 세계 최고 도시로!

동로마의 수도 콘스탄티노폴리스는 유스티니아누스 대제가 나라를 다스리던 당시 세계 최대 도시가 되었습니다. 특히 유럽과 아시아의 중간에 있어 동서양의 온갖 상품이 거래되었고, 수많은 나라의 상인들이 몰려들었답니다.

✏️ **짤막 상식**

유스티니아누스 대제 때 꽃핀 비잔티움 문화

동로마를 '비잔티움 제국'이라고도 한다. 수도였던 콘스탄티노폴리스의 다른 이름이 비잔티움이었기 때문이다. 유스티니아누스 대제 때에는 비잔티움 제국의 문화가 최고 수준에 이르렀다. 성 소피아 성당과 그 안의 예술품은 비잔티움 문화를 대표하는 문화유산이다.

▲성 소피아 성당 벽의 모자이크

특종 세계사 24 - 무함마드

'경축' 이슬람교의 탄생

✏️ 이슬람교의 탄생과 성장

7세기경, 아라비아 반도에서 이슬람교라는 새로운 종교가 탄생하였다.
무함마드가 만든 이 종교는 아라비아 반도에 이어 아시아, 아프리카, 유럽으로 전파되었다.

1 이슬람교를 만들다

무함마드(아라비아)
(570~632년)
이슬람교 창시자.
신의 계시를 받아 이슬람교를
만들고 널리 전파함.

2 이 세상의 유일한 신, 알라

메카 사람들은 여러 신을 믿었다. 신의 계시를 받은 무함마드는 이 세상의 유일한 신은 알라이고, 알라 앞에서 모든 사람은 평등하다고 외쳤다. 또 누구든지 알라의 뜻에 따라 살면 어려운 세상이 끝나고, 복을 받을 수 있다고 하였다. 무함마드의 주장은 사람들로부터 큰 호응을 얻었다.

3 이슬람 달력의 원년, 헤지라

무함마드가 창시한 이슬람교는 귀족들의 거센 저항을 받았다. 결국 무함마드는 신자를 이끌고 메카를 떠나 메디나로 갔다. 이때가 622년인데 '성스러운 이주'라는 뜻의 아랍어 '헤지라'라고 한다. 이해부터 이슬람 달력이 시작된다. 무함마드는 메카에서 쫓기는 신세였지만 메디나에서 힘을 길러 메카를 정복하고, 아라비아 반도 땅 대부분에 이슬람교를 정착시켰다.

4 세계로 퍼져 나간 이슬람교

무함마드가 죽은 뒤에도 이슬람교는 사라지지 않았다. 사람들은 무함마드를 위대한 예언자로 칭송하고, 무함마드가 받은 계시 내용과 이슬람교 규율을 정리하여 경전인 《쿠란》을 완성하였다. 무함마드의 뒤를 이어 뽑힌 정치와 종교의 지도자인 칼리프는 새로 차지한 지역의 사람들을 이슬람교로 끌어들였다. 결국 이슬람교는 세계 각 지역으로 퍼져 오늘날 세계의 3대 종교가 되었고, 독특한 이슬람 문화를 만들었다.

알라여~

특종 세계사 25 – 당 태종

하늘 아래 당나라가 최고야!

📝 당나라를 강대국으로 만든 태종

위·촉·오 삼국을 통일한 진나라는 다시 여러 개의 작은 나라로 나뉘고, 중국은 혼란의 시간을 겪었다. 589년에 수나라가 다시 중국을 통일했지만 30년도 안 되어 망했다. 수나라에 이어 중국을 통일한 것은 당나라였다.

내 이름은 이세민이야.

다시 중국을 통일한 황제

당나라를 세운 것은 고조였지만, 실질적으로 당나라를 건국한 사람은 그의 아들인 태종이었다. 그는 아버지께 군사를 일으켜 새 나라를 세울 것을 제안하였다. 고조는 아들의 뜻을 받아들여 당나라를 세웠다. 태종은 여러 전투에서 승리하여 당나라 건국을 도왔다.

적의 부하도 나의 인재로!

황제가 된 태종은 당나라의 발전을 위해 나라와 가문에 관계없이 인재를 뽑아 썼다. 태종은 한때 적의 부하였던 위징을 등용했다. 위징이 유능하고 청렴한 인물이었기 때문이다. 위징은 태종을 도와 당나라의 개혁을 추진하였다.

경제와 군사력을 동시에 키운 황제

태종은 오랜 전쟁으로 궁핍해진 백성들을 살기 좋게 만들고 나라 경제를 살리기 위해 토지 제도를 개혁했다. 일정한 면적의 땅을 나누어 주고, 그 대가로 세금을 내거나 군사 훈련, 나라의 큰 공사 현장에 참여하게 하였다.

당 태종 (이세민, 중국)
(599~649년)

중국 당나라의 제2대 황제. 나라의 제도를 정비하여 기반을 튼튼히 함.

📝 짤막 상식 — 당나라는 화려한 문화 선진국

영토를 넓히고, 비단길로 활발하게 무역을 한 당나라는 다양한 나라의 문화를 받아들였다. 중국의 전통문화에 서쪽의 아라비아 문화를 더하고, 북쪽에 있는 유목 민족의 문화를 받아들여 여러 나라의 색깔을 띠는 화려한 문화를 만들어 낸 것이다. 당나라의 앞선 문화는 주변국으로 전해져 동아시아 문화권을 만들기도 하였다. 한자, 유교, 불교를 배우기 위해 당나라로 들어오는 사람이 많았다. 당 태종 때 만들어진 여러 정치·경제 제도는 수백 년이 넘도록 이웃 나라의 기반을 다지는 데에 모범이 되었다.

> 다 내 덕분이니까 고마워해.

굽신 아…네.

🔍 국제 정세 — 신라와 당나라, 우리는 한편

> 통일을 하면 대동강 북쪽은 당나라, 남쪽은 신라가 갖자고.

백제와 사이가 나빴던 신라는 김춘추를 고구려에 보내어 도움을 청했다. 하지만 고구려가 거절하자, 그길로 김춘추는 당나라로 향했다. 신라는 당나라와 힘을 모아 삼국 통일을 이루고, 정복한 땅을 나누어 갖기로 약속하였다. 두 나라는 함께 백제와 고구려를 무너뜨렸다. 전쟁에서 승리한 당나라는 태도를 바꾸어 신라까지 차지하려고 하였으나 신라가 잘 물리쳤다. 하지만 옛 고구려 땅의 대부분을 당나라에 내어 주고 말았다.

중국의 고대~당나라까지

- 황허 문명, 하·상·주
- 제자백가가 활동한 춘추 전국 시대 (기원전 770~기원전 221년)
- 시황제가 세운 진나라 (기원전 221~기원전 206년)
- 유방이 세운 한나라 (기원전 202~기원후 220년)
- 다시 여러 개의 나라로 나뉘어 혼란을 겪은 위·진 남북조 시대 (221~589년)
- 양견이 세운 수나라의 중국 통일 (589~618년)
- 태종이 전성기를 만든 당나라 (618~907년)

특종 세계사 26 – 카롤루스 대제

이제는 서유럽 시대!

✏️ 유럽의 새 시대를 연 카롤루스 대제

프랑크 왕국은 8세기 무렵에 전성기를 맞았다. 카롤루스(샤를마뉴) 대제 때였다. 카롤루스 대제는 영토를 넓히고, 크리스트교를 바탕으로 유럽의 새로운 문화를 만들었다. 그래서 옛 로마의 그림자에서 벗어나 새로운 유럽 시대를 열었다는 평가를 받는다. 카롤루스 대제의 업적을 살펴보자.

1 확 넓어진 영토

카롤루스 대제는 황제가 된 뒤, 직접 군대를 이끌고 영토 확장에 나섰다. 프랑크 왕국의 영토는 서유럽 대부분을 차지하게 되었다.

카롤루스 대제 (프랑크 왕국)
(742~814년)
프랑크 왕국의 전성기를 이끈 황제.
프랑크 왕국과 서로마 황제를
겸하며 유럽의 문화 수준을 높임.

2 서로마의 황제로 임명하노라!

프랑크 왕국의 힘이 강해지자, 교황은 왕실의 보호를 받으며 크리스트교를 발전시키고 싶어 했다. 교황은 카롤루스 대제를 서로마의 황제로 임명하고, 황제의 왕관을 바쳤다. 서로마는 이미 망해 없었지만 로마 최고의 지도자라는 상징적인 의미였다. 카롤루스 대제는 프랑크 왕국과 서로마의 황제를 겸하게 되었다.

3 서유럽 문화의 시작

카롤루스 대제는 크리스트교와 학문을 권장하고 문화 발전에도 힘을 쏟았다. 유럽의 유명한 학자들을 불러들이고, 왕실에 도서관을 설치하여 옛날부터 전해 오는 책을 보관하게 하였다. 프랑크 왕국의 문화는 원래 있던 로마 문화에 크리스트교, 게르만족의 문화가 더해진 새로운 것으로, 중세 시대 유럽 문화의 바탕이 되었다.

📷 글로벌 뉴스
게르만족 따라서 노르만족도 이동!

4세기, 지금의 프랑크 왕국으로 넘어온 게르만족의 북쪽 지역에는 오랜 옛날부터 노르만족이 살고 있었다. 바이킹이라고도 불리던 노르만족은 빠르고 단단한 배를 타고 주변 지역을 약탈했다. 노르만족은 9세기 이후부터 남쪽으로 이동하여 나라를 세우고 서유럽 국가의 구성원이 되었다. 우리가 놀이동산에서 볼 수 있는 바이킹은 노르만족이 타던 배 모양과 닮아 붙여진 이름이다.

특종 세계사 27 - 그레고리우스 7세

카노사의 굴욕

그레고리우스 7세(이탈리아)
(1020?~1085년)
중세 시대 로마의 교황.
카노사의 굴욕으로
로마 교황권의 전성기를 이룸.

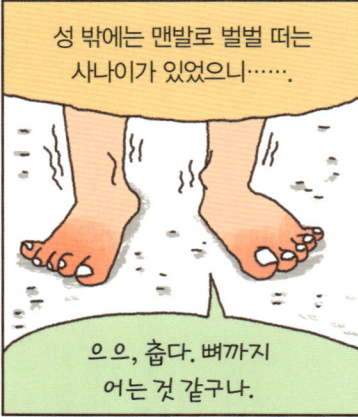

*신성 로마 제국: 동프랑크 왕국의 오토 1세가 로마를 계승했다는 의미로 바꾼 나라 이름.

짤막 상식
고위 성직자를 황제가 지목했다고?

11세기 후반, 크리스트교의 주교, 대수도원장 등 고위 성직자들을 임명하는 권한을 둘러싸고, 신성 로마 제국의 황제와 교황 사이에서 힘겨루기가 시작되었다. 원래 고위 성직자들은 신도들이 회의를 열어 결정했지만 크리스트교가 정치와 밀접한 관계를 가지면서 황제가 인재를 뽑아 임명하기 시작했다. 불만을 품은 교회는 10세기 후반부터 개혁을 외쳤고, 마침내 1075년에 그레고리우스 7세가 황제의 고위 성직자 임명권을 박탈한다고 선언하였다.

특종 세계사 28 - 칭기즈 칸

역사상 가장 넓은 나라 몽골 제국!

13세기에 세계 역사에서 가장 큰 나라가 생겼다. 칭기즈 칸이 세운 몽골 제국이었다. 몽골은 연달아 이웃 나라를 정복해 아시아에서 유럽에 이르는 대제국을 건설했다.

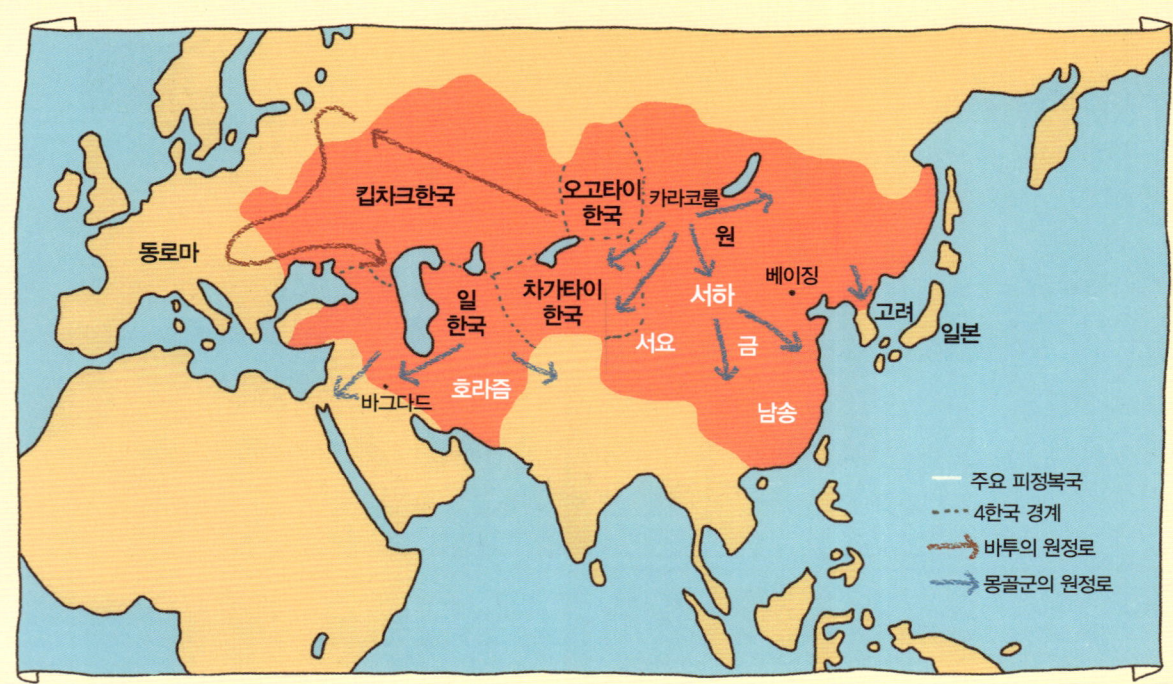

화제의 인물 칭기즈 칸

칭기즈 칸(테무친)은 집념의 인물이다. 칭기즈 칸은 몽골족 추장의 아들로 태어났지만 아버지가 일찍 돌아가셔서 힘든 어린 시절을 보냈다. 칭기즈 칸이 남긴 "가난하다고 말하지 말라. 나는 들쥐를 잡아먹으며 목숨을 이어 갔다. 배운 것과 힘이 없다고 말하지 말라. 나는 내 이름을 쓸 줄 몰랐으나 남의 말에 귀를 기울여 현명해지는 법을 배웠다."는 말은 치열하게 싸워 대제국을 이룬 칭기즈 칸의 집념을 잘 보여 준다.

칭기즈 칸(몽골 제국)
(1162?~1227년)
몽골 제국의 제1대 왕. 유럽과 아시아에 걸친 대제국을 건설함.

칸이 된 테무친
몽골족의 부족 회의에서 최고 지도자인 '칸'이 되어 칭기즈 칸이라는 칭호를 받았다. 칭기즈 칸은 정복 사업을 통해 몽골의 힘을 키울 것을 선포했다.

금나라를 신하 나라로 만듦.
당시 중국 북부에 여진족이 세운 금나라가 있었다. 1211년, 금나라 사신이 몽골에 찾아와 복종을 요구했다. 칭기즈 칸은 직접 군대를 이끌고 금나라로 쳐들어가 베이징을 함락시켰다.

러시아로 진출
서아시아 지역을 점령한 칭기즈 칸은 러시아에 군대를 보내어 도시를 하나씩 점령하였다. 칭기즈 칸이 죽은 뒤에는 그의 아들이 킵차크한국을 세우고 약 200년간 더 지배했다.

호라즘 제국 정복
몽골은 이슬람 상인들의 도움을 받아 서아시아의 무역로가 있는 호라즘 제국을 가볍게 굴복시켰다.

서하 정복
몽골은 비단길 장악을 위해 중국 서쪽에 있는 나라인 서하를 공격해 승리하였다. 그러나 그해에 오랜 전쟁으로 병을 얻은 칭기즈 칸은 죽고 말았다.

아바스 왕조 정복
메소포타미아 지방에는 이슬람교를 믿는 아바스 왕조가 있었다. 칭기즈 칸의 후계자들은 아바스 왕조의 수도인 바그다드를 점령하고 일한국을 세웠다.

몽골 제국 완성
쿠빌라이 칸은 수도를 베이징으로 옮기고, 나라 이름을 원으로 바꾸었다. 1279년에는 중국 남쪽에 있는 송나라도 정복했다. 이로써 몽골은 중국, 중앙아시아, 서아시아, 동부 유럽에 이르는 대제국을 완성하였다.

그것이 알고 싶군 몽골 군대는 왜 강한가?
몽골족은 초원에 사는 유목 민족이라 말타기에 능했다. 몽골 병사들은 말을 타고 빨리 이동했고, 달리는 말 위에서 활을 쏘아 적군의 병사를 맞힐 수 있었다. 멀리 전쟁을 나갈 때면 말고기를 말린 육포를 준비했다. 말린 육포는 가볍고 오래 두고 먹을 수 있었다. 이런 이유 때문에 몽골 군대는 번개처럼 빨리 전쟁터로 나아가 승리할 수 있었다.

특종 세계사 29 - 우르바누스 2세

세계를 십자가 아래로

📝 유럽이 일으킨 십자군 전쟁, 그 속셈은?

11세기 말, 유럽의 동쪽에서 힘을 키워 오던 셀주크 튀르크 제국이 동로마를 압박했다. 동로마의 황제는 당시 교황이었던 우르바누스 2세에게 도움을 구했다. 우르바누스 2세는 성지 순례를 방해하는 셀주크 튀르크 제국에 쳐들어가 신성한 땅 예루살렘을 되찾아야 한다고 목소리를 높였고, 주변 나라에까지 알려 병사를 모았다. 각지에서 모인 참가자들에게 전쟁에 임하는 마음가짐을 들어 보았다.

이참에 주도권을 잡아야 해!
겉으로는 예루살렘을 되찾자고 했지만 내가 십자군을 모은 이유는 한 가지 더 있소. 지금 동로마의 황제는 크리스트교의 다른 갈래인 그리스 정교를 믿는다오. 그것이 마음에 안 들었는데 이번에 잘 도와주면 동로마 황제도 내 말을 고분고분 들을 것 아니오.
— 우르바누스 2세(교황)

전쟁은 좋은 돈벌이 기회지요
큰 전쟁이 일어나면 우리 같은 상인들은 바빠집니다. 전쟁에 필요한 식량과 물자를 팔아야 하니까요. 이번 십자군 전쟁에서도 크게 한몫 벌겠지요.
— 움베르토(이탈리아 피렌체의 상인)

우르바누스 2세 (프랑스)
(1042?~1099년)

제1회 십자군을 만든 로마의 교황.
교황의 권위를 높이고,
십자군을 모아 예루살렘을 되찾음.

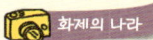 화제의 나라

유럽을 벌벌 떨게 한 셀주크 튀르크 제국

십자군 전쟁 때 유럽이 상대한 가장 강한 이슬람 국가는 셀주크 튀르크 제국이었다. 셀주크 튀르크 제국은 오늘날 터키의 조상인 튀르크 민족이 세운 나라로, 빠르게 영토를 넓혀 갔다. 바로 옆에 위치한 동로마는 늘 불안에 떨었다. 결국 우르바누스 2세는 예루살렘을 되찾겠다는 구실로 십자군 전쟁을 일으켰으나 1차 원정 때 잠시 차지한 것을 빼고는 성공하지 못했다.

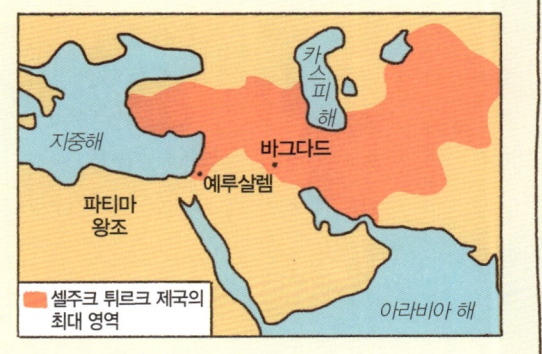

동로마에 가서 떵떵거리고 살 거요

나는 십자군 전쟁에 내가 모시는 영주*님과 함께 참전합니다. 동로마의 수도인 콘스탄티노폴리스는 세계에서 가장 부자 도시라지요? 이번에 잘 싸우면 영주님께서 많은 땅과 재물을 주실 거예요.

– 롤랑(프랑스 어느 지방의 기사)

지금보다야 형편이 피겠지요

가난에 시달리는 농노** 생활, 이제 지긋지긋합니다. 매일 영주, 기사의 명령에 짐승처럼 따라야 하니까요. 동로마에 갔다가 살기 좋은 땅이 있으면 눌러앉아 살 계획입니다.

– 뮐러(동프랑크 왕국의 농노)

*영주: 중세 유럽에서 땅과 기사, 농노들을 소유하고 권력을 휘두르던 계층.
**농노: 중세 유럽에서 영주의 지배를 받던 농민 계층.

특종 세계사 30 – 단테

《신곡》 출판 기념회

단테와 깜짝 인터뷰

이탈리아의 시인 단테가 《신곡》을 완성하고, 출판 기념회를 열었다.
단테와 인터뷰를 통해 그의 삶과 책에 대한 이야기를 들어 보았다.

기자 안녕하세요? 자기소개부터 해 주세요.

단테 나는 1265년에 이탈리아의 피렌체에서 태어났습니다. 내 직업은 정치가였습니다. 그러다가 정치 싸움에 휘말려 쫓기는 신세가 되었지요. 나는 여러 곳을 떠돌며 글을 썼어요. 《신곡》도 그때 쓴 작품이지요.

기자 자, 이제 《신곡》에 대해 이야기 나누어 보겠습니다. 어떤 작품인가요?

단테 내가 《신곡》을 완성한 것이 1321년이었으니까 약 20년에 걸친 긴 작업이었네요. 《신곡》은 상상 속의 제 영혼이 체험한 여행에 대한 이야기입니다.

기자 문학 평론가들은 왜 《신곡》을 이 세상에 다시 나오기 힘든 작품이라고 평가할까요?

단테 나는 이 작품이 그런 평가를 받기에 충분하다고 생각합니다. 《신곡》에는 크리스트교 신자가 읽는 성경의 가르침이 담겨 있습니다. 종교적 가르침을 거부감 없이 문학 작품에 담아냈어요. 주인공이 지옥과 연옥*, 천국을 여행하면서 얻는 교훈은 우리가 살아가면서 깨치게 되는 점과 맞닿아 있습니다.

기자 주인공을 통해 독자들에게 전하고 싶은 메시지가 있습니까?

단테 물론입니다. 나는 《신곡》의 주인공 단테가 자기의 의지에 따라 하나님을 찾아 나선 것처럼 사람들도 주도적으로 하나님의 가르침을 듣고, 섬기기를 바랐습니다.

기자 정말 대단합니다. 저도 얼른 《신곡》을 읽어 보아야겠습니다. 감사합니다.

*연옥(煉獄): 죽은 사람의 영혼이 천국에 들어가기 전에 남은 죄를 씻기 위해 거치는 곳.

단테(이탈리아)
(1265~1321년)
이탈리아의 시인.
《신곡》을 써서
주체적인 신앙 생활을 강조함.

📝 짤막 상식

유럽의 문화 깊숙이 들어온 크리스트교

중세 유럽의 문화와 크리스트교는 떼려야 뗄 수 없는 사이였다. 신학과 관련된 책들이 쏟아졌고, 대표적인 건축물도 주로 교회나 종교 의식을 치르는 건물이 많았다. 이때 지어진 건축물을 보면 하늘 높이 뾰족하게 솟아오른 지붕이나 탑이 많다. 하늘에 가까이 닿아 신의 가르침을 받들려는 마음이 담겨 있기 때문이다.

이렇게 창문을 꾸미면 글을 모르는 사람도 예수님의 가르침을 알 수 있지.

🔍 그것이 알고 싶군

빌헬름 텔은 정말 있었을까?

14세기 무렵, 유럽의 스위스 주민들은 합스부르크 왕국의 압박 정치로 곤욕을 치르고 있었다. 이때 활을 무척 잘 쏘는 빌헬름 텔이라는 사람에 대한 이야기가 퍼졌다. 어느 날, 합스부르크 왕국의 관리가 빌헬름 텔에게 저 멀리 아들을 서 있게 한 뒤 아들의 머리 위에 놓인 사과를 화살로 쏘아 맞히라고 하였다. 아들을 향해 화살을 쏘아야 하는 빌헬름 텔은 분노가 치밀었다. 빌헬름 텔은 아들의 머리 위에 있던 사과를 명중시키고, 관리를 향해서도 활시위를 당겼다.
이 이야기는 스위스 사람들을 화나게 했다. 이후 스위스 주민들은 독립 운동을 일으켜 새 나라를 세웠다.

아빠 믿지?

네, 믿어요.

특종 세계사 31 – 조토 디본도네

내가 서양 회화의 아버지

✏️ 서양 미술에 변화의 바람이 불다

이탈리아 피렌체의 대표 화가 조토 디본도네는 미술사의 새로운 시대를 연 사람이다. 그 전까지의 그림은 예수의 일생과 가르침을 평면적으로 그린 것이 대부분이었다. 그러나 조토 디본도네는 관찰을 통해 입체적인 그림을 그렸다. 조토 디본도네의 그림을 보고 있으면 마치 실물을 보는 것 같았다.

애도, 1305년경

믿음, 1306년

이탈리아 스크로베니 예배당에 그려진 프레스코 벽화이다. 프레스코는 회반죽이 마르기 전에 그림을 그리는 기법이다. 그 덕분에 색깔이 선명하고, 예수와 주변을 둘러싸고 있는 인물들의 슬픈 감정이 매우 사실적으로 묘사되었다.

조토 디본도네는 스크로베니 예배당 안에 일곱 가지 미덕과 악덕을 각각 마주 보게 그렸다. 그중 다섯 번째 미덕인 '믿음'으로, 신자의 손에는 십자가와 성경이 들려 있다. 사실적이고 입체감을 잘 살려 마치 조각을 보는 듯한 느낌이 든다.

조토 디본도네 (이탈리아)
(1266?~1337년)

이탈리아의 화가, 건축가.
사물에 대한 관찰을 통하여
입체적인 그림을 그림.

산타 마리아 델 피오레 성당 종탑

조토 디본도네가 건축에 참여한 종탑

조토 디본도네는 건축에도 남다른 능력이 있었다. 그는 피렌체의 두오모 성당이라고 불리는 산타 마리아 델 피오레 성당의 종탑 건축에 참여하였으나 완성하지 못하고 죽었다. 그 뒤에 80m가 넘는 종탑 공사가 마무리되었다.

📝 짤막 상식 청출어람(靑出於藍)*이란 바로 이런 것?

제자 또는 후배가 스승이나 선배보다 나을 때 '청출어람'이라는 말을 쓴다. 조토 디본도네가 그랬다. 조토 디본도네는 당시 이탈리아 최고의 화가였던 치마부에의 작업실에서 일하며 미술 공부를 하였다.
제자는 대개 스승의 그림풍을 따라 그리는 경우가 많았다. 하지만 조토 디본도네는 새로운 시도를 거듭했다. 단테는 그의 작품 《신곡》에서 둘에 대한 글을 썼다.
"치마부에가 회화계에서 최고인가 했더니 이제는 조토 디본도네가 그 자리를 차지했다. 치마부에의 그림자는 흐릿해져 버렸다."
누가 봐도 조토 디본도네는 그 시대 최고의 화가였다.

*청출어람: 쪽이라는 식물에서 뽑아낸 물감이 쪽빛보다 더 푸르다는 의미.

특종 세계사 32 – 마르코 폴로

화려한 동방의 나라를 소개합니다!

《동방견문록》, 나는 이렇게 읽었다!

마르코 폴로가 1271년부터 약 17년간 동쪽에 있는 중국을 여행하고 《동방견문록》이라는 책을 남겼다. 책을 읽은 사람들은 낯선 나라의 무한한 가능성에 흥미로워하며, 직접 가 보기를 꿈꾸었다.

우아! 동양에 황금의 나라가 있다고?

동양에는 중국 근처에 황금이 많은 '지팡구(일본)'라는 나라가 있다고 적혀 있다. 그 대목을 읽는 순간 가슴이 쿵쾅 뛰었다. 당장 배를 타고 황금의 나라로 가 부자가 되고 싶은 욕망이 꿈틀거렸다. — 콜럼버스(이탈리아의 탐험가)

이후 1492년, 콜럼버스는 황금의 나라에 가기 위해 배에 올랐다. 그런데 그의 배는 서쪽을 향했다. 콜럼버스는 오랜 항해 끝에 아메리카 대륙에 닿았다.

동방 개척이 살길이다!

포르투갈은 생긴 지 얼마 안 되어 힘이 약하다. 경제 사정도 좋지 않다. 《동방견문록》의 내용처럼 실제로 동양에는 향신료와 귀금속이 많을까? 얼른 탐험대를 조직해 풍요로운 동양을 먼저 차지할 것이다. — 엔히크(포르투갈 왕자)

동양 항로 개척에 관심을 가진 포르투갈의 엔히크 왕자는 15세기에 탐험대를 조직해 아프리카를 거쳐 인도양으로 가는 바닷길 개척을 지원하였다.

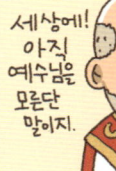

동방도 예수님의 은총을 받게 하리라!

유럽은 이제 모든 곳에 크리스트교가 퍼졌다. 《동방견문록》을 보니 동양 사람들은 크리스트교를 믿지 않는다고 한다. 그곳에 가서 예수님의 말씀을 전하고, 크리스트교의 땅으로 만들어야겠다. — 로욜라(스페인 신부)

로욜라 신부는 수도원에서 공부하는 수도사들을 모아 '예수회'를 만들었다. 스페인과 포르투갈이 새로운 땅으로 진출할 때 예수회 소속 신부들도 따라가 크리스트교를 전했다.

마르코 폴로 (이탈리아)
(1254~1324년)

이탈리아의 상인이자 여행가. 중국 각지를 여행하고 《동방견문록》을 완성함.

그것이 알고 싶군 《동방견문록》의 진짜 작가는 누구?

《동방견문록》이 어떻게 쓰여졌는가에 대해서는 정확히 밝혀진 바가 없다. 마르코 폴로가 감옥에 갇혔을 때 만난 작가 루스티첼로가 마르코 폴로의 여행 이야기를 듣고 받아 적었을 것이라는 설이 유력하다. 직접 여행 장소에 가지 않은 작가가 쓴 글이라 의문을 품을 수 있지만 《동방견문록》의 내용은 당시 중국의 역사서 내용과 많은 부분이 일치한다. 책을 본 사람들은 동방의 이야기를 흥미진진하게 생각하는 한편, 새빨간 거짓말을 취소하고 반성하라고 비난하는 사람들도 있었다.

화제의 책 마르코 폴로가 말한 동방은 어떤 나라였나?

마르코 폴로가 중국에 머물던 때 중국은 거대한 원나라였다. 우리나라에는 고려가 있었다. 마르코 폴로가 동방을 바라본 눈에는 호기심이 가득 담겨 있었다. 서양의 것에 대한 자부심이 느껴지지도 않았다.

마르코 폴로는 넓은 제국을 효율적으로 다스리기 위하여 만들어진 도로와 중간중간 말을 갈아탈 수 있는 역참 덕분에 지역 곳곳을 여행할 수 있었다. 각 지역의 특징은 물론 신기한 물건으로 가득한 도시와 향신료를 만드는 섬에 대해서도 상세하게 기록했다. 특히 항저우는 신기한 물건이 많아 천국에 온 듯한 착각이 들 정도라고 나와 있다.

특종 세계사 33 – 이븐바투타

세계 일주를 떠나자!

✏️ 세계 일주의 꿈을 이룬 이슬람 학자

1325년, 모로코 출신의 이븐바투타는 21세가 되던 해 이슬람 성지 순례를 위해 동쪽으로 여행을 떠났다. 이븐바투타는 30여 년간 약 120000km를 여행했다.

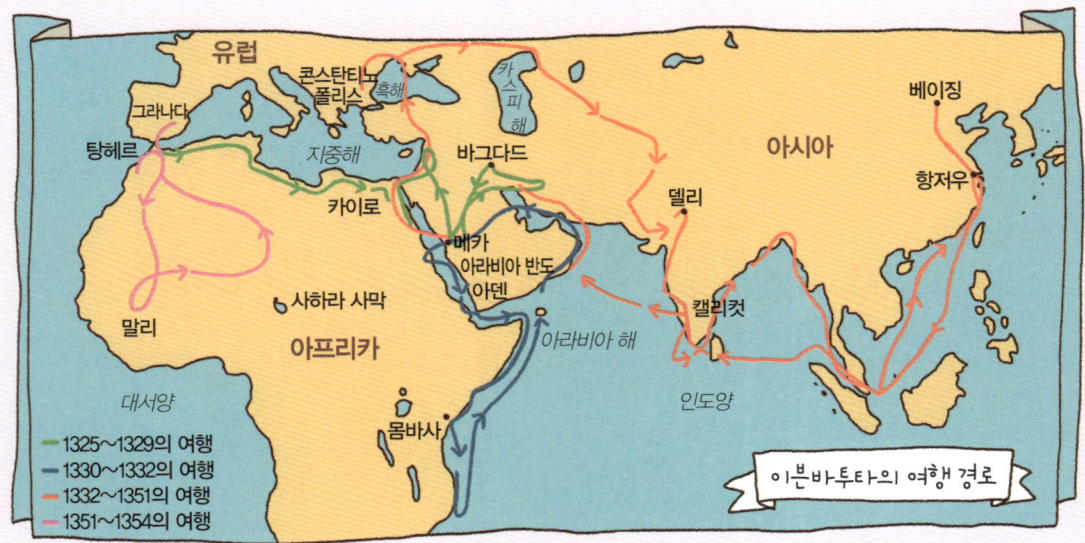
이븐바투타의 여행 경로

- 1325~1329의 여행
- 1330~1332의 여행
- 1332~1351의 여행
- 1351~1354의 여행

1325년 모로코 출발
이븐바투타는 이슬람교의 성지인 메카로 떠났다.

1326년 이집트에서 한 결심
메카로 가던 중 이집트 알렉산드리아에서 파로스 등대를 보았다. 여행의 재미에 푹 빠진 이븐바투타는 '어떤 길이든 한 번 걸은 길은 가지 않겠다!'라고 결심하였다.

1330년 메카 도착, 다시 여행 시작
성지 순례를 마친 이븐바투타는 이참에 아라비아 반도를 여행하기로 한다.

1333년 인도에 머물기도 함.
이븐바투타는 여행만 한 게 아니다. 문화가 발전한 도시, 유명한 학자가 사는 곳에 머물며 공부를 했다. 그 덕분에 이븐바투타는 훌륭한 이슬람 학자가 되었다.

1354년 고향으로 돌아옴.
고향으로 돌아온 이븐바투타는 여행기를 책으로 냈다. 이 책은 훗날 중세 역사 연구에 큰 도움을 주었다.

이븐바투타 (모로코)
(1304~1368년)
모로코의 여행가.
성지 순례를 계기로 세계를 여행하고
《이븐바투타의 여행기》를 발간함.

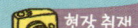 **이슬람교 신자의 의무 메카 순례**

메카는 이슬람교에서 가장 성스럽게 여기는 도시이다. 무함마드가 이슬람교를 창시한 곳이기 때문이다. 이슬람교에서는 일생에 한 번 메카에 방문하는 것을 신자들의 의무로 정했다. 오랜 옛날이라 교통이 불편했지만 많은 이슬람교 신자들은 메카를 향해 떠났다. 메카 순례는 오늘날의 이슬람교 신자들에게도 성스러운 여행이다. 해마다 평균 250만 명 정도가 성지 순례를 위해 메카를 방문한다.

드디어 메카 도착! 알라여, 무사히 인도해 주셔서 감사합니다.

이슬람교 신자들의 의무

- "알라 외에는 신이 없고, 무함마드는 신의 사도*이다."라고 신앙 고백하기
- 날마다 정해진 시간에 메카를 향해 다섯 번씩 예배 드리기
- 이슬람 달력으로 아홉 번째 달인 라마단에는 낮 동안 절제된 생활 하기
- 부자와 가난한 사람 모두가 수입의 일부를 공동체에 바치기
- 평생에 한 번 이상 메카 순례하기

여행은 좋은 것이여~

여행은 새로운 세계, 새로운 사람들을 만나는 소중한 기회입니다. 여러분도 여행을 즐기세요.

*사도(使徒): 거룩한 일을 위해 헌신하는 사람.

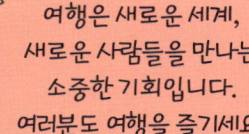

특종 세계사 34 – 메흐메트 2세

기절초풍 동로마 정복 작전

1453년, 오스만 튀르크 제국의 메흐메트 2세가 동로마의 수도 콘스탄티노폴리스를 정복하였다. 콘스탄티노폴리스는 1000년이 넘도록 적의 공격에 무너지지 않을 정도로 단단한 도시였다. 하지만 전략에 밝았던 메흐메트 2세는 약 50여 일 만에 정복에 성공했다. 그 파란만장했던 과정을 살펴보자.

메흐메트 2세 (오스만 튀르크 제국)
(1432~1481년)

오스만 튀르크 제국의 술탄*. 정복한 나라의 문화와 학문을 인정하는 온건책을 폄.

*술탄: 이슬람교 나라의 군주.

1차 공격 대포를 쏴라!

오스만 튀르크 제국은 콘스탄티노폴리스를 정복하기 위해 전쟁을 일으켰다. 1차 공격 때 메흐메트 2세는 직접적인 공격은 하지 않고 가지고 온 대포로 견고한 성벽을 사정없이 부수어 버렸다. 이 대포 공격으로 성벽에 약간의 틈이 생겼지만 많은 수의 군대가 한꺼번에 들어가기에는 비좁았다.

2차 공격 바다의 쇠사슬에 막힌 오스만 튀르크 제국의 전투함

오스만 해군의 전투함은 콘스탄티노폴리스를 에워싸고 있는 바다로 진격하였다. 배는 곧 장애물을 만났다. 동로마가 적의 공격에 대비해 바다에 설치한 쇠사슬 때문에 더 이상 안쪽으로 들어갈 수 없었던 것이다. 메흐메트 2세는 새 작전을 세웠다.

3차 공격 배를 산으로 옮겨라!

메흐메트 2세는 육지로 배를 옮기는 대담한 작전을 세웠다. 캄캄한 밤이 되자 오스만 튀르크 제국의 병사들은 기름을 바른 통나무를 깔고 그 위에 배를 놓아 밀어서 배를 옮겼다. 쇠사슬만 믿고 있던 동로마 황제는 코앞에 나타난 전투함을 보고 놀라 넋을 잃었다. 결국 메흐메트 2세는 54일 만에 동로마의 수도를 점령하고 이름을 콘스탄티노폴리스에서 이스탄불로 바꾸었다.

 세상에 이럴 수가

유럽을 벌벌 떨게 한 흑사병

14세기, 최악의 전염병이 유럽을 휩쓸었다. 병에 걸리면 피부색이 검게 변한다고 해서 흑사병이라고 부르는 전염병이었다. 흑사병은 쥐벼룩에서 사람에게 감염되어 기침이나 배설물을 통해 빠르게 다른 사람에게 옮겨 갔다. 특히 중세 이후에는 무역로를 통해 활발히 다른 곳으로 퍼져 나갔다. 이 병으로 유럽 인구의 3분의 1 정도가 죽었다.

특종 세계사 35 – 정화

중국의 대항해가

✏️ 탐험 대장 정화와 나눈 인터뷰

1405년, 명나라의 신하인 정화는 62척의 배, 약 2만 8천 명의 선원을 이끌고 바다로 나갔다. 인류 역사에서 가장 규모가 큰 탐험대였다. 탐험 대장이었던 정화를 만나 탐험을 떠난 이유와 성과에 대해 들어 보았다.

기자 안녕하세요. 대장님은 왜 탐험을 떠나셨나요?
정화 나는 명나라의 영락 황제가 아끼는 신하였다오. 황제 폐하는 주변 나라가 명나라를 받들게 만들고 바다를 지배하고 싶어 했습니다. 그래서 큰 배와 수많은 사람을 내게 주어 돌아보게 하신 겁니다.

기자 이동 거리가 엄청나던데 어디까지 다녀오셨나요?
정화 1차 항해 때는 동남아시아를 거쳐 인도양까지 갔다 왔습니다. 이후에도 몇 차례 더 나가 아라비아와 아프리카 동부까지 가 보았지요. 아프리카에서는 신기한 동물을 선물로 받아 황제에게 바쳤습니다. 그게 기린이라고 하더군요.

기자 성공적으로 항해를 마친 비결이 있나요?
정화 우리 명나라의 배 만드는 기술은 세계 최고 수준입니다. 길이 138m, 폭 56m에 이르는 거대한 배에 나침반을 가지고 항해를 했기 때문에 떠나기 전에 걱정했던 것보다는 안전하게 다녀올 수 있었습니다. 항해를 다녀온 뒤

정화(중국)
(1371~1433?년)

중국 명나라의 신하.
바닷길로 세계를 다니며 각 나라의
특산물과 중국의 물건을 사고팖.

에 30여 개 국가에서 명나라에 새로 조공*을 바쳤고, 많은 명나라 사람들이 동남아시아로 건너가 화교**사회가 만들어졌습니다.

*조공(朝貢): 신하 나라가 섬기는 나라에 재물을 바치는 것.
**화교(華僑): 외국에 사는 중국 사람.

나의 별명은 '바다의 신'!
지금도 내가 탐험했던
여러 아시아 항구에는
나를 바다의 신으로 기리는
유적들이 남아 있지.

77

특종 세계사 36 – 구텐베르크

구텐베르크가 인쇄술을 혁신했다!

✏️ 세계 역사를 뒤흔든 인쇄기 발명

1450년경, 신성 로마 제국의 사업가인 구텐베르크가 금속 활자에 잉크를 묻혀 찍어 내는 인쇄기를 발명했다. 그 후 유럽 사회는 크게 달라졌다.

유럽 곳곳에 성경 보급

인쇄기를 발명하기 전까지 성경책은 매우 귀했다. 양의 가죽을 얇게 펴 그 위에 성경을 베끼거나 목판에 글자를 새겨 찍어 내 만들 수 있는 양이 적고 값도 비쌌기 때문이다. 하지만 인쇄기 발명으로 사정이 달라졌다. 많은 양을 빨리, 값싸게 인쇄할 수 있어 더 많은 사람이 성경을 읽을 수 있게 되었다.

크리스트교 개혁에 큰 힘

성경책 보급을 가장 반긴 사람은 부패한 종교의 개혁을 주장하는 일부 수도사들이었다. 이들은 성경이 널리 퍼지면 크리스트교 신자들이 크리스트교 사상을 잘 이해해 종교 개혁을 지지할 거라고 생각했다. 예상은 들어맞았다. 성경책 보급 후 종교 개혁 운동은 활기를 띠었다.

구텐베르크 (독일)
(1397~1468년)

독일의 활판 인쇄술 창시자. 인쇄기를 만들어 학문과 인류의 문화 발전에 기여함.

문학, 학문 발전에 기여

인쇄기 발명은 시, 소설 같은 문학 작품이 널리 퍼지는 데에도 영향을 주었다. 책이 인쇄되면서 유럽의 문학과 학문은 빠르게 발전했다. 그 덕분에 유럽의 국가들은 빠른 속도로 문화 선진국으로 발돋움할 수 있었다.

그것이 알고 싶군 인쇄기를 발명할 수 있었던 비결은?

구텐베르크의 아버지는 돈을 만드는 조폐국에서 일했다. 어느 날, 구텐베르크는 동전에 무늬를 새기는 기술을 보고 금속 활자를 만들 생각을 하였다. 나무로 만든 활자는 쉽게 썩거나 뒤틀려 찍어 낼 수 있는 양이 적은 반면, 금속 활자는 많은 인쇄물을 빨리 찍을 수 있기 때문이다. 금속 활자를 만든 구텐베르크는 이번엔 포도 압착기의 원리를 이용해 인쇄기를 발명했다. 그 덕분에 전보다 손쉽게 선명한 인쇄를 할 수 있게 되었다.

짤막 상식 금속 활자 기술은 우리나라가 먼저?

우리나라는 옛날부터 인쇄 기술이 발달하였다. 이미 신라 시대 때부터 목판 인쇄물이 만들어져, 불국사 3층 석탑 안에서 《무구정광대다라니경》이 발견되기도 했다. 고려 시대 후기에는 금속에 글자를 새겨 인쇄하는 기술을 발명했다. 1234년에 인쇄된 《상정고금예문》은 1450년 무렵에 인쇄된 구텐베르크의 금속 활자보다 무려 200여 년 앞섰다. 하지만 지금은 남아 있지 않고, 현재까지 전해지는 가장 오래된 금속 활자본은 1377년에 인쇄된 《직지심체요절》이다.

특종 세계사 37 – 콜럼버스

좌충우돌! 신대륙 발견 이야기

1492년, 콜럼버스가 신대륙을 발견했다. 오랜 노력이 있었기에 가능했다. 대서양을 가로지르는 신항로 개척 후 많은 여행가와 상인들은 앞을 다투어 새로운 항로를 찾아 나섰다.

1 황금의 나라에 가고 싶다!

콜럼버스는 마르코 폴로의 《동방견문록》을 읽고 황금과 향신료가 풍부한 동방에 가기를 꿈꾸었다. 때마침 스페인 정부는 이탈리아에 막혀 있던 동방과의 교역로를 직접 찾기로 계획을 세웠다. 콜럼버스는 왕실의 후원을 받아 긴 탐험을 떠났다.

2 배를 타고 서쪽으로 가 볼까?

콜럼버스는 다른 탐험가들이 늘 가던 동쪽으로 가는 것보다 새로운 길을 개척하면 더 빨리 동양에 닿을 것이라고 기대했다. 그래서 유럽인 중 최초로 유럽의 서쪽으로 항해하기로 결심했다. 인류 처음으로 대서양을 가로지르는 것이었다.

콜럼버스(이탈리아)
(1451?~1506년)
이탈리아의 탐험가.
유럽인 최초로 서쪽 항로로
배를 타고 가 신대륙을 발견함.

3 1492년, 신대륙에 도착

1492년 8월, 콜럼버스는 3척의 배와 90명의 승무원을 이끌고 떠났다. 두 달 후, 무리는 작은 섬에 도착했다. 섬에는 피부색이 다른 원주민들이 살고 있었다. 기대한 대로 섬에서 많은 금을 찾지는 못하였다.

4 죽을 때까지 착각에 빠진 사람

콜럼버스는 자기가 도착한 섬이 목적지였던 인도의 어느 섬이라고 생각했다. 그래서 섬 원주민을 '인디오'라고 불렀다. 큰 착각이었다. 그곳은 지금의 아메리카에 속한 섬이었다. 콜럼버스는 신대륙과 스페인을 세 차례나 더 오갔는데 죽을 때까지 자기가 발견한 땅이 동양이라고 믿었다.

🔍 사회 요런조런 후춧값이 금값

대항해 시대에 유럽 국가들이 동양으로 간 목적은 황금과 향신료를 얻기 위해서였다. 향신료는 고기의 누린내를 없애고, 음식이 쉽게 상하는 것을 막아 주었다. 향신료 중 가장 인기 있는 것은 후추였다. 유럽에서는 귀한 후추가 날씨가 따뜻한 인도나 동남아시아에서는 흔한 작물이었다. 유럽 상인은 동양에서 후추를 싸게 사서 유럽에서 비싸게 팔아 부자가 되었다.

특종 세계사 38 - 코르테스

무서운 신대륙 정복가

스페인의 군인 코르테스는 1519년에 아메리카 중앙에 있는 멕시코 지역을 정복했다. 신대륙 발견으로 유럽은 풍요로워졌지만 식민지는 피폐해졌다. 정복 전과 후의 변화를 비교해 보았다.

살기 좋은 평화의 땅

유럽인들이 새로 발견한 신대륙에도 오래전부터 나라가 있었다. 그중 아스테카 제국, 잉카 제국 같은 나라는 화려한 궁전과 신전을 세우고, 위대한 문화유산을 만들어 냈다. 사람들은 대부분 농사를 지었다. 그들이 재배하던 옥수수, 감자 같은 농작물은 유럽에 없던 새로운 작물이었고, 자원도 많았다. 유럽 사람들에게 신대륙은 기회의 땅 같았다.

그것이 알고 싶군 코르테스가 아스테카 제국을 정복한 비결

신대륙을 정복하기 위해 떠난 코르테스의 병사는 약 500명 정도로 비교적 적은 규모였다. 이들은 쉽게 아스테카 제국을 정복했다. 어떻게 가능했을까? 아스테카 제국의 원주민들에게 전해 내려오는 전설 때문이다. 오랜 옛날, 신들의 싸움에서 밀려난 신이 다시 돌아와 아스테카 제국을 지배할 것이라는 이야기였다. 원주민들은 전에 본 적이 없던 차림의 스페인 사람이 쳐들어오자 이들이 신이라고 착각해 싸워 보기도 전에 항복하고 말았다.

코르테스(스페인)
(1485~1547년)

아스테카 제국의 정복자.
중부 아메리카를 정복하여
식민지를 건설함.

약탈로 고통 받는 땅

코르테스가 아스테카 제국을 정복한 뒤 모든 것이 달라졌다. 유럽인들이 몰려와 금광과 은광을 찾았다. 원주민들은 강제로 노예처럼 일했다. 금·은을 캐는 광산이나 사탕수수나 담배 농장에 끌려가야 했다. 천연두 같은 전염병이 돌아 엄청난 수의 원주민이 죽고 말았다.

📷 현장 취재 | 찬란한 잉카 문명의 흔적, 마추픽추

남아메리카에 있던 잉카 제국도 스페인의 정복가 피사로에게 무너지고 말았다. 피사로 역시 약탈을 일삼았는데 마추픽추는 무사했다. 2400m가 넘는 산비탈에 지어졌고, 사방이 뾰족한 봉우리에 둘러싸여 있었기 때문이다. 정교하게 다듬어 만든 건축물과 계단식 밭은 잉카 제국의 건축 기술이 얼마나 뛰어났는지 잘 보여 준다.

특종 세계사 39 - 코페르니쿠스

지구가 태양 주위를 돈대요

1543년, 코페르니쿠스가 죽은 뒤 그가 쓴 《천체*의 회전에 관하여》라는 책이 발견되었다. 이 책에는 놀라운 사실이 담겨 있었다. 지구가 태양 주변을 돈다는 것이다. 이 주장을 '지동설'이라고 한다.

지구가 우주의 중심이란 생각을 깼다

지동설 발표 전까지 세상 사람들은 지구가 우주의 중심이라고 생각했다. 그래서 태양을 비롯한 모든 별이 지구 주위를 돈다는 천동설을 믿었다. 코페르니쿠스는 천동설이 틀릴 수 있다는 사실을 알렸다.

이럴 수가! 지구가 태양 주위를 도는 거였어.

지동설의 발표를 망설인 이유

코페르니쿠스가 《천체의 회전에 관하여》를 쓴 것은 1530년경이었을 것으로 짐작된다. 그는 지동설이 교회의 주장과 반대되는 내용임을 두려워하여 죽기 직전에 인쇄된 책을 볼 수 있었다. 그가 죽은 뒤인 1616년에 로마 교황청은 《천체의 회전에 관하여》를 사람들이 읽지 못하도록 금지했다.

천문학, 물리학의 발전의 전환점

지동설이 가장 큰 영향을 준 것은 과학 분야였다. 지동설이 옳다는 것이 확인된 후 많은 천문학자들은 지동설을 기초로 우주의 비밀을 하나둘 밝혀냈다. 지동설은 물리학 발전에도 큰 도움을 주었다.

코페르니쿠스 (폴란드)
(1473~1543년)

폴란드의 천문학자.
지구가 태양 주위를 도는 것을 알고
《천체의 회전에 관하여》를 남김.

📝 짤막 상식 '코페르니쿠스적인 생각'이란?

오랜 옛날, 사람들은 밤하늘에 뜬 별이 움직이는 것을 보고, 천체가 지구를 중심으로 돈다고 생각했다. 그런데 코페르니쿠스는 움직이는 것이 별이 아니라 지구일지도 모른다는 의문을 품었다. 천체 망원경이 발달하지 않은 시기라 직접 관찰할 수는 없었지만 코페르니쿠스의 생각이 옳았다. 코페르니쿠스의 발견은 너무나 엄청난 것이어서 아무도 생각하지 못한 창의적인 생각을 해야 할 때 '코페르니쿠스적인 생각을 하다.'라는 표현을 쓴다.

📷 화제의 현장 지동설을 주장한 갈릴레이 재판

코페르니쿠스가 죽은 뒤에도 지동설의 가능성을 증명하려는 학자들이 등장했다. 이탈리아의 천문학자 갈릴레이는 아주 멀리 있는 것을 가까이 있는 것처럼 볼 수 있는 망원경을 만들고 지구 밖에 있는 천체를 관찰하기 시작하였다.

갈릴레이는 망원경으로 관찰한 내용을 토대로 지동설을 주장하였다. 교황은 갈릴레이를 로마로 불러들여 더 이상 지동설을 주장하지 말라고 경고하였다. 어쩔 수 없이 갈릴레이는 법정에서 "지동설은 틀렸다."라고 말했다. 재판을 받고 나오던 갈릴레이가 "그래도 지구는 돈다."라고 말했다는 이야기가 전해 오지만 이 일화에 관한 기록은 남아 있지 않다.

*천체: 우주에 떠 있는 태양과 달, 행성 등을 통틀어 이르는 말.

천재 예술가, 미켈란젤로

특종 세계사 40 - 미켈란젤로

📝 이탈리아에서 시작된 르네상스

14~16세기, 이탈리아에서는 고대 그리스·로마의 인간 중심 문화를 다시 일으키자는 움직임이 일었다. 동서양을 잇는 무역으로 돈을 번 상인들이 예술가들을 후원했고, 그 덕분에 이탈리아 예술가들은 활발하게 작품 활동을 벌였다. 이러한 문화계의 바람을 '르네상스'라고 부른다.

천지 창조

아이고~ 삭신이야.

부들 부들

내 이름은 미켈란젤로라오. 르네상스에 대해 좀 안다는 사람들은 내 이름이 낯설지 않을 텐데. 알겠소? 이 그림으로 말할 것 같으면 바티칸 궁전의 시스티나 성당 천장에 그린 벽화의 일부인데 성경에서 나오는 세상이 창조된 이야기를 역동적으로 그린 작품이지요.

그리는 데 어찌나 고생을 했는지.

E~T

미켈란젤로(이탈리아)
(1475~1564년)
르네상스를 이끈 천재 예술가.
〈최후의 심판〉, 〈피에타〉,
〈다비드〉 등을 남김.

나는 조각가이기도 했소. 성경에 나오는 다윗을 대리석으로 조각했다오. 근육이 살아 움직이는 것 같지요? 르네상스 시대의 예술가들은 사람을 관찰하고, 그 아름다움을 사실적으로 작품에 표현했다오.

다비드

뚫어져라 관찰 중

너무 쳐다 보신다. 부끄럽게……

움직이지 마세요.

이 그림 어떠시오? 살며시 미소 짓는 표정, 원근과 명암을 치밀하게 계산한 그림이라오. 레오나르도 다빈치라고 나랑 같이 르네상스 시대에 활동하던 화가가 그렸는데 그는 말 그대로 천재였다오. 미술, 건축, 과학, 음악까지 못하는 게 없었거든. 기회가 되면 그가 그린 〈최후의 만찬〉도 꼭 한번 보구려.

모나리자

인체는 신비롭군.

으흥흥

신났군.

내가 웬만해선 천재라고 안 하는데 레오나르도 다빈치 형님은 확실히 천재 같아.

특종 세계사 41 – 루터

교회여, 개혁합시다!

꿈 달 일보

15XX년 △월 △일

특종! 면벌부에 반대하는 95개 반박문 한 달 만에 전 유럽에 퍼져

1517년, 독일의 신학 박사 마르틴 루터의 목소리가 빠르게 유럽에 퍼지고 있다. 사건은 로마 교황이 산피에트로 대성당을 고치기로 하고, 그 비용을 마련하는 중에 발생했다. 헌금으로 모을 수 있는 돈에 한계가 있자 독일의 신부들이 면벌부를 사라고 홍보한 것이다. 면벌부는 죄를 지은 사람이 재물을 바친 대가로 구제를 받게 해 주는 증서였다. 마르틴 루터는 교회의 면벌부에 반대하는 95가지 이유를 적어 비텐베르크 성당 벽에 붙였다. 루터의 주장에 큰 깨달음을 얻어 종교계에도 변화가 필요하다고 주장하는 사람들이 많아졌다고 한다.

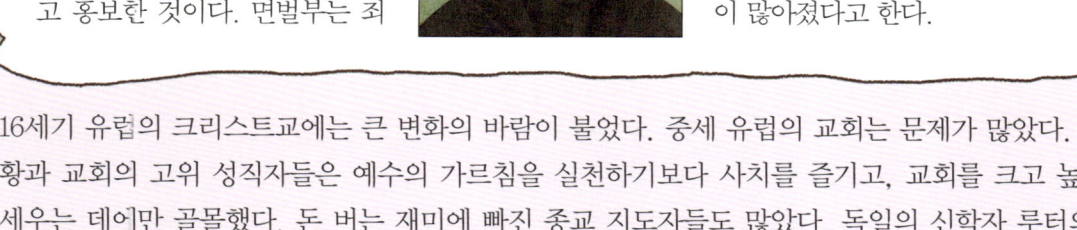

16세기 유럽의 크리스트교에는 큰 변화의 바람이 불었다. 중세 유럽의 교회는 문제가 많았다. 교황과 교회의 고위 성직자들은 예수의 가르침을 실천하기보다 사치를 즐기고, 교회를 크고 높게 세우는 데에만 골몰했다. 돈 버는 재미에 빠진 종교 지도자들도 많았다. 독일의 신학자 루터의 '95개조 반박문'은 구텐베르크가 발명한 인쇄 기술에 힘입어 빠른 속도로 전 유럽에 퍼졌다. 루터는 오직 성경을 믿으면 구원 받을 수 있고, 모두가 신 앞에서 평등하다고 주장했다.

루터 (독일)
(1483~1546년)

독일의 종교 개혁자.
면벌부 판매 반박문을 내고
성경을 독일어로 번역하여 전파함.

결국 신성 로마 제국은 루터를 나라 밖으로 쫓아냈다. 루터는 몰래 숨어 지내면서 성경을 독일어로 번역해 더 많은 사람이 읽을 수 있도록 하였다. 루터의 주장과 노력은 유럽의 종교 개혁에 불을 지피는 계기가 되었다. 루터의 주장은 인쇄되어 독일 전체에 퍼졌고, 루터파 교회는 1555년에 정식 종교로 인정받았다.

> 교회 최고 지도자인 교황에게 도전장을 내밀다니……

> 하나님의 고귀한 권위는 성경에 있소이다.

🔍 그것이 알고 싶군
종교 개혁 후의 크리스트교

루터의 종교 개혁 후 유럽에서는 잘못된 크리스트교에 대한 반성과 새로운 주장이 등장했다. 스위스의 신학자 칼뱅은 사람이 죽어 천국과 지옥에 가는 일은 신이 미리 정해 둔 것이라 인간이 바꿀 수 없다고 주장했다. 따라서 믿음을 가지고, 자기의 위치에서 성실하게 생활해야 한다고 했다. 크리스트교에 대한 새로운 주장이 등장하면서 크리스트교는 가톨릭교(구교)와 개신교(신교)로 나뉘었다.

✏️ 짤막 상식
유럽을 피로 물들인 종교 전쟁

크리스트교가 가톨릭교와 개신교로 갈라진 후 유럽 곳곳에서 종교 전쟁이 일어났다.
대표적인 것이 프랑스의 위그노 전쟁이다. 위그노란 '개신교 신자'를 뜻하는 프랑스 말인데 프랑스에서 가톨릭교를 믿는 사람들이 위그노를 학살*하여 전쟁이 일어난 것이다. 독일을 중심으로 스페인, 덴마크, 프랑스, 스웨덴 등의 나라가 참여한 30년 전쟁이 벌어지기도 했다. 오랜 전쟁 끝에 사람들은 종교를 자유롭게 선택할 수 있게 되었다.

*학살(虐殺): 가혹하게 죽임.

> 하나님도 한 분, 성경도 하나인데 종교는 왜 이렇게 복잡한 걸까?

89

특종 세계사 42 – 엘리자베스 1세

용감한 여왕 폐하 만세!

16세기에 영국은 새로운 유럽 강대국으로 등장했다. 영국을 강대국으로 만든 사람은 1558년 왕이 된 엘리자베스 1세였다. 엘리자베스 1세는 국가와 결혼했다고 말할 정도로 열정적으로 나랏일을 하였다. 결국 엘리자베스 1세는 영국이 가장 사랑하는 왕이 되었다.

감옥에 갇혔지만 절망하지 않아!

엘리자베스 1세는 아버지 헨리 8세와 그의 두 번째 부인인 앤 불린 사이에서 태어났다. 엘리자베스 1세는 이복 언니 메리 1세 여왕이 나라를 다스릴 때 런던 탑 안에 있는 감옥에 갇히는 신세가 되었다. 엘리자베스 1세는 감옥 속에서도 미래에 대한 희망을 버리지 않았다.

여왕은 불안하다고? 천만에!

메리 1세 여왕이 죽은 후 엘리자베스 1세가 영국의 왕이 되었다. 많은 신하들은 엘리자베스 1세의 출신 때문에 여왕을 못 미더워하였다. 하지만 결단력과 추진력을 갖춘 여왕은 화폐 제도를 통일하고, 물가를 안정시켰다. 면직물, 금속, 광산 등 산업을 보호하여 상공업을 발전시켰으며, 가톨릭교와 개신교의 종교 갈등도 정리했다. 여왕의 지혜로운 정책에 힘입어 영국은 점점 강해졌다.

스페인 무적함대여, 한판 붙자!

엘리자베스 1세가 왕이 되었을 때 유럽에서 가장 강한 나라는 신대륙에서 약탈한 은으로 부자가 된 스페인이었다. 스페인 해군은 무적함대라 부를 정도로 막강했다. 여왕은 영국 해군의 힘을 키워 스페인 무적함대와 벌인 전투에서 큰 승리를 거두었다. 전쟁에서 이긴 영국은 세계의 바다를 주름잡고, 스페인은 몰락의 길을 걷게 되었다.

엘리자베스 1세 (영국)
(1533~1603년)

영국의 여왕.
스페인의 무적함대를 격파하고
영국 절대 왕정의 전성기를 이끎.

국제 정세
영국과 네덜란드의 강대국 경쟁

'어제의 동지가 오늘의 적'이 되는 경우가 있다. 영국과 네덜란드가 그랬다. 영국과 네덜란드는 스페인을 무너뜨리기 위해 힘을 합친 사이였다. 영국은 유럽에서 가장 강력한 나라가 되기 위하여, 네덜란드는 스페인으로부터 독립하기 위해서였다. 전쟁에서 진 스페인은 점점 힘을 잃었다. 독립을 이룬 네덜란드는 힘을 키우더니 영국과 부딪쳤다. 두 나라는 세 차례에 걸쳐 전쟁을 벌였는데 최종 승리국이 된 영국은 가장 많은 식민지를 거느리는 나라가 되었다.

짤막 상식
영국의 인도 진출의 발판, 동인도 회사

인도에는 목화, 차, 향신료 등 유럽 사람들이 좋아하는 것들이 풍부했다. 인도와 유럽을 잇는 무역을 주도하던 스페인과 포르투갈은 다른 나라가 직접 인도의 물건들을 살 수 없도록 가로막았다. 영국은 스페인과의 전쟁에서 승리한 뒤 인도에 동인도 회사를 세우고 무역을 독점하였다. 동인도 회사로 영국은 큰 부를 축적할 수 있었다.

화제의 인물
카리브 해의 해적, 프란시스 드레이크

영국이 스페인과 전쟁을 벌일 때 영국 군대의 실질적인 지휘자는 프란시스 드레이크였다. 드레이크는 원래 해적이었다. 1573년, 드레이크는 카리브 해를 지나는 배를 공격했다. 스페인 왕의 보물을 잔뜩 실은 배였다. 스페인 왕은 당장 드레이크를 처벌하라고 영국 왕실에 요구했지만 엘리자베스 1세는 듣지 않았다. 드레이크가 빼앗은 보물 중 어마어마한 양을 여왕에게 바쳤기 때문이었다. 엘리자베스 1세는 직접 드레이크의 배로 가서 해군을 지휘하도록 책임을 맡겼고, 훗날 드레이크는 영국에 큰 승리를 안겼다.

특종 세계사 43 - 셰익스피어

세계 최고의 극작가

✏️ **영국이 낳은 세계 최고의 극작가 셰익스피어의 대표작**

영국의 셰익스피어는 인류 역사상 가장 유명한 작가이다. 셰익스피어는 40여 편의 연극 대본을 썼다. 지금도 세계인의 사랑을 받고 있는 셰익스피어의 희곡 작품 세 편을 만나 보자.

《햄릿》
덴마크 왕자 햄릿이 자기 아버지를 죽이고 어머니와 결혼한 클로디어스에게 복수하는 과정을 비극적으로 보여 준다. 셰익스피어 작품 중 세계적으로 가장 많이 공연되었다.

《로미오와 줄리엣》
서로 미워하는 가문에서 태어난 로미오와 줄리엣이 사랑에 빠졌지만 오해로 비극적인 죽음을 맞는 줄거리이다. 사랑을 주제로 한 대표 작품으로 훗날 영화, 오페라, 뮤지컬 등으로 만들어졌다.

셰익스피어 (영국)
(1564~1616년)
영국의 극작가, 시인.
《햄릿》,《베니스의 상인》 등
훌륭한 작품을 남김.

《베니스의 상인》
이탈리아 베니스에 사는 샤일록은 사람들에게 돈을 빌려주고 그 대가를 받는 사채업자다. 샤일록은 안토니오에게 돈을 빌려주며 못 갚으면 살을 떼어 받기로 약속한다. 하지만 포샤라는 현명한 여인이 재판관으로 변장하여 샤일록을 혼내 준다는 이야기이다.

자비란 억지로 베푸는 것이 아니오.

📷 화제의 책 여러 개의 이야기를 엮은 책이 인기

르네상스가 문학에도 영향을 주었다. 사람 사는 이야기에 초점을 맞추거나 아랍 문화의 영향을 받은 책들이 나왔다. 아래 소개하는 두 책은 여러 개의 이야기를 엮은 책인데 사람들에게 큰 인기를 모았으니까 꼭 한번 읽어 보자.

《데카메론》
이탈리아 작가 보카치오가 쓴 작품이다. 유럽에 퍼진 흑사병을 피해 어느 별장에 온 10명이 한 사람씩 번갈아 가며 이야기를 들려준다. 사람의 감정과 욕망을 사실적으로 다루어 읽는 이의 공감을 불러일으킨다.

《아라비안나이트》
《천일 야화》라고도 하는 이 책은 지은 시기와 사람이 밝혀지지 않았다. 인도와 페르시아에 전해 내려오는 이야기에 조금씩 살을 붙여 완성되었다. 사산 왕조 페르시아의 왕이 매일 새 신부를 맞이했다가 다음 날 죽이는 일이 계속된다. 왕을 모시던 신하의 고민이 날로 커지자 셰에라자드가 왕과 결혼해 매일 밤 재미있는 이야기를 들려주어 위기를 넘긴다. 이 이야기를 모은 책이 《천일 야화》이다. 왕은 왕비의 이야기를 들으면서 자기의 못된 행동을 고치게 된다.

절 죽이시면 앞으로 흥미진진한 이야기를 못 들으실 텐데요.

안 죽일 테니 어서 이야기를 들려다오! 애태우긴~

특종 세계사 44 – 도쿠가와 이에야스

일생은 먼 길, 서두르지 마라

일본의 대표 무사 3인방

12세기 말부터 일본에서 권력을 잡은 무사 계층은 넓은 땅과 부하를 거느리며 실질적인 일본의 지배자가 되었다. 그러다가 15세기 무렵에는 각 지방의 무사들이 권력 다툼을 벌여 혼란스러웠는데 이때를 전국 시대라고 한다. 일본이 통일하는 과정에서 등장한 오다 노부나가, 도요토미 히데요시, 도쿠가와 이에야스, 이 세 인물을 기억해 두자. 전국적으로 경쟁하던 지방 세력을 누르고 통일의 기초를 닦은 사람은 오다 노부나가, 통일을 이룬 사람은 도요토미 히데요시, 통일 후 에도 막부를 세우고 쇼군*이 된 사람은 도쿠가와 이에야스였다. 도쿠가와 이에야스가 최종 승리자인 셈이다.

*쇼군(장군): 일본 무사 정권의 우두머리.

도쿠가와 이에야스 (일본)
(1543~1616년)
일본 에도 막부의 초대 쇼군. 지방 세력을 누르고, 에도 막부 시대를 엶.

천천히 기회를 엿보다

지방의 무사 가문에서 태어난 도쿠가와 이에야스는 어린 시절에 아버지를 잃었다. 청년이 된 도쿠가와 이에야스는 친척들과 아버지의 옛 부하를 모아 일본의 통일을 이루겠노라고 결심했다. 도쿠가와 이에야스는 서두르지 않았다. 이 무렵 무사 세력 중 가장 강력한 힘을 가진 오다 노부나가와 손을 잡고 조금씩 자기 세력을 키워 나갔다.

기회는 왔다!

오다 노부나가와 도요토미 히데요시가 죽은 뒤, 도쿠가와 이에야스는 '비로소 때가 왔다.'고 생각했다. 경쟁 세력과 벌인 전투에서 승리를 거둔 도쿠가와 이에야스는 에도 막부를 세우고 1603년에 마침내 쇼군이 되었다. 2년 뒤 도쿠가와 이에야스는 쇼군 자리를 아들에게 물려주어, 권력을 중앙에 집중시켰다. 이후 도요토미 히데요시를 따르던 세력까지 무너뜨려 일본을 완전히 통일했다.

국제 뉴스 — 일본, 조선을 침략하다

일본을 통일한 도요토미 히데요시는 자신의 강력한 힘을 보여 주기 위하여 중국을 정복할 계획을 세웠다. 그에 앞서 명나라로 가는 길목에 있던 조선을 침략하였는데 이 싸움이 1592년에 일어난 임진왜란이다. 일본군의 기세는 엄청났다. 칼과 활이 주요 무기였던 시기에 폭약을 넣고 방아쇠를 당겨서 쏘는 조총을 사용했기 때문이다. 하지만 이순신, 권율, 김시민 같은 용감한 장군들과 전국에서 일어난 의병들이 일본군에 맞서 싸웠고, 명나라에서도 병사를 보내 주었다. 일본은 조선과 약 7년 동안 전쟁을 벌이다가 도요토미 히데요시가 죽은 뒤 조선에서 물러갔다.

총만 있으면 정복할 수 있을 줄 알았는데.

특종 세계사 45 – 크롬웰

이제는 의회가 대세

크롬웰(영국)
(1599~1658년)
영국의 정치가, 군인.
영국에서 공화제를 수립하고
독재 정치를 함.

🖊 크롬웰, 청교도 혁명*을 이끌다

16~18세기에 유럽은 왕이 국가의 권력을 장악하고 있었다. 그 당시 영국에서는 자기 땅에서 열심히 농사를 짓거나, 전문 기술을 가지고 있어 경제적으로 여유로운 사람들이 나라에 세금을 내며 권력층으로 떠올랐다. 이들 중에는 영국에서 생긴 신교인 청교도를 믿는 사람이 많았다.

1642년, 영국 국왕의 압박을 이기지 못하고, 청교도가 반란을 일으켰다. 이 일을 청교도 혁명이라고 부른다. 8년간의 싸움에서 청교도가 승리를 거두었고, 영국은 큰 변화를 맞게 된다.

*혁명(革命): 나라를 다스리고 있는 현재 정부를 부수고 새로운 정부를 세우는 것.

특종 세계사 46 – 루이 14세

프랑스의 태양왕

✏️ 73년이나 프랑스를 다스린 왕

1643년, 5세에 프랑스의 왕이 된 루이 14세는 1715년 죽을 때까지 나라를 다스렸다. 그의 별명은 '태양왕'이었다. 태양같이 위대한 존재라는 의미다. 루이 14세는 강력한 왕권을 휘두르며 프랑스를 유럽의 정치와 문화의 중심 국가로 만들었다.

짐은 곧 국가이다

어린 루이 14세는 마자랭이라는 신하의 도움을 받아 나라를 다스렸다. 성인이 되어 직접 나라를 다스릴 때에는 매일 8시간씩 궁에서 일했다. 군대를 강력하게 키우고, 수입은 막고, 수출을 늘리는 정책을 펴 군사와 경제적으로 강력한 나라를 만들었다.
루이 14세는 왕이 절대적인 권력을 가진 존재라고 생각했다. 그래서 '짐은 곧 국가이다.'라는 유명한 말을 남겼다.

루이 14세의 실수

프랑스를 빠르게 발전시킨 루이 14세는 개신교를 믿는 사람들을 억압하고, 가톨릭교를 믿는 나라로 만들었다. 그 결과 개신교를 믿는 수많은 국민이 왕에게 등을 돌렸다. 심지어 종교의 자유를 찾아 프랑스를 떠나기도 하였다.

루이 14세 (프랑스)
(1638~1715년)

프랑스의 왕. 강력한 왕권을 행사하며 자신을 '태양왕'이라고 칭함.

귀족들이여, 궁전에서 파티를 즐기자!

루이 14세는 베르사유 궁전을 화려하게 짓고, 자주 파티를 열었다. 파티에 초대를 받은 신하와 귀족들은 반드시 참석해야 했다. 그들은 때때로 왕에게 값비싼 선물을 바쳤다. 왕은 웅장한 궁전을 귀족들에게 보여 주어 강력한 왕의 위엄을 과시하였다.

짤막 상식
절대 왕정 시대란?

유럽에서 왕이 강력한 권력을 쥐고 나라를 지배하던 시대를 '절대 왕정 시대'라고 부른다.

절대 군주는 왕의 권력을 신이 준 것이라고 외치며 왕의 말 한마디가 법보다 강력함을 강조했다. 스페인의 펠리페 2세, 영국의 엘리자베스 1세, 프랑스의 루이 14세는 대표적인 절대 군주이다.

현장 취재
강력한 왕권을 보여 준 베르사유 궁전

베르사유 궁전은 원래 루이 13세가 사냥용으로 지은 별장을 루이 14세가 궁전으로 만든 것이다. 1662년 시작한 공사는 18세기까지 계속되었다. 건물 전체를 크게 키우고, 화려한 정원을 만들었다. 정원은 1400여 개의 분수와 화려한 조각상으로 장식하였다. 세계적인 수준의 궁궐을 지을 만큼 강력했던 프랑스의 왕실은 이후 사치스러운 생활로 몰락의 길을 걸었다.

▲베르사유 궁전에 있는 거울의 방

특종 세계사 47 – 표트르 대제

러시아를 만든 사람은 나요

러시아 발전에 시동을 걸다

가난하고 힘없던 러시아가 세계에서 손꼽히는 대제국으로 우뚝 선 데에는 표트르 대제의 역할이 크다. 어린 시절, 러시아에 머물던 외국인들에게 대포 만드는 기술, 배를 만드는 기술 등 선진 기술을 배운 표트르 대제는 황제가 된 뒤 서유럽의 좋은 제도를 본받아 시행하였다. 이웃하고 있던 오스만 튀르크 제국, 스웨덴과 싸워 영토도 넓혔다. 표트르 대제가 나라를 다스린 뒤 몰라보게 성장한 러시아를 보고 '기적의 인물', '러시아를 일으킨 리더십'이었다고 평가한다.

표트르 대제 (러시아)
(1672~1725년)
러시아의 황제.
러시아의 개혁을 이끌어
강력한 나라를 만듦.

세상에 이럴 수가 러시아의 변화를 위한 표트르 대제의 노력

표트르 대제는 유럽의 기술을 배우기 위해 파견되는 사절단에 이름과 신분을 속이고 들어가 함께 떠났다. 네덜란드에서는 망치와 톱을 들고 조선소에서 일하며 배 만드는 기술을 배우고, 틈틈이 공장, 미술관, 병원, 양육원, 천문대 등을 살펴보았다. 영국에서 지낼 때에는 최신식 전투 배, 의회, 대학 등을 두루 견학했다. 러시아로 돌아온 표트르 대제는 러시아의 낡은 관습을 못마땅하게 생각했다. 그래서 귀족의 상징이었던 수염을 자르라고 명령하고, 따르지 않는 사람들에게는 '수염세'를 내게 하였다. 한번은 수염을 자르지 않겠다고 버티는 신하의 수염을 직접 가위로 잘라 강력한 변화의 의지를 보여 주기도 하였다.

그것이 알고 싶군 아시아 끝까지 가면 아메리카를 만날 수 있을까?

스웨덴과 오스만 튀르크 제국으로 영토를 넓힌 표트르 대제는 동쪽으로 눈을 돌렸다. 표트르 대제는 아시아 동쪽 끝이 아메리카와 닿아 있다는 전설을 확인하기 위해 탐험가 베링에게 직접 다녀오라고 시켰다. 베링은 대륙의 끝에 있는 태평양을 보고 전설이 틀렸음을 밝혔다. 베링의 탐험으로 러시아의 주요 무대는 유럽에서 아시아 동쪽 땅까지 확대되었다. 엄청난 자원이 묻힌 시베리아도 차지할 수 있었다. 훗날 러시아는 대륙을 가로지르는 시베리아 횡단 철도를 건설했다.

특종 세계사 48 – 뉴턴

사과는 왜 아래로 떨어지는가?

📝 우주의 비밀을 푼 과학자를 만나다

17세기는 과학 혁명의 시대였다. 주변에서 일어나는 수많은 현상이 신의 뜻이라고 생각하던 것에서 그럴 만한 과학적인 이유를 찾기 시작한 것이다. 이러한 변화의 물결에 아이작 뉴턴이 있었다.

기자 안녕하세요, 선생님. 과학 연구를 시작한 계기가 있나요?

뉴턴 나는 원래 공부하는 걸 즐겼습니다. 대학 시절 갑자기 흑사병이 돌아 학교가 문을 닫는 바람에 고향 집으로 돌아와 2년 동안 혼자 과학 연구에 빠졌습니다. 과학은 연구하면 할수록 참으로 재미있는 학문이더군요.

기자 왜 선생님을 '우주의 비밀을 푼 과학자'라고 하나요?

뉴턴 내가 새로운 발견을 하기 전까지 사람들은 왜 우주의 별이 떨어지지 않고 하늘에 떠 있는지 몰랐습니다. 나는 궁금했어요. 분명 어떤 이유가 있을 것 같았지요. 궁금증을 해결하려고 시작한 연구 끝에 '만유인력의 법칙'을 발견했습니다. 우주의 모든 물체 사이에는 서로 끌어당기는 힘이 작용한다는 이론이지요.

기자 그런데 선생님, 들고 계시는 사과는 무엇인가요?

뉴턴 이거요? 이 사과는 나에게 큰 영감을 주었습니다. 어느 날 고향 집 사과나무 아래에 있는데 머리 위로 사과가 떨어지는 것 아니겠어요? 결국 지구상에는 중력*이 작용한다는 사실을 알게 되었지요. 그 밖에도 나는 천체 과학, 물리학, 수학 등 다양한 분야에서 여러 가지 과학적 원리를 발견했답니다.

*중력(重力): 만유인력의 법칙에 따라 지구 내부의 에너지가 여러 가지 물체를 끌어당기는 힘.

뉴턴(영국)
(1642~1727년)

영국의 물리학자, 천문학자, 수학자.
만유인력의 법칙을 발견하여
과학의 발전을 이끎.

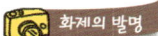 **17세기의 놀라운 발견**

1620년, 네덜란드의 드레벨은 물속에서 이동할 수 있는 잠수정을 최초로 발명하였다.

1628년, 영국인 의사 하비는 혈액이 심장을 통해 인간의 몸속을 돈다는 사실을 밝혀냈다.

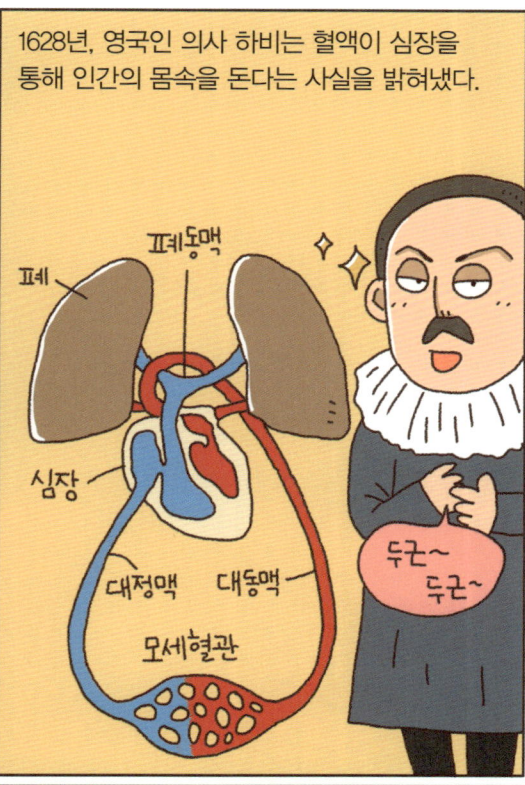

1679년, 프랑스 기술자 파팽이 증기가 새지 않아 뜨거운 압력으로 음식을 끓이는 압력솥을 개발하였다.

1687년, 뉴턴은 여러 물체의 힘과 운동 관계를 정리한 《자연 철학의 수학적 원리》란 책을 펴냈다.

1665년, 영국 화학자 훅은 현미경으로 생물체가 여러 개의 세포 조직으로 이루어진 것을 알아냈다.

특종 세계사 49 - 강희제

청나라의 황금기는 내 손으로!

📝 청나라 백성들의 황제 자랑

중국 청나라의 네 번째 황제였던 강희제는 1661년부터 1722년까지 나라를 다스리며 청나라를 아시아 최강국으로 만들었다. 청나라 사람들에게 황제에 대한 생각을 들어 보았다.

나라가 평화로워졌어요

강희제께서 나라를 다스릴 때에는 아직 명나라의 반란군이 활동하고 있었습니다. 폐하는 나라에 반대하는 세력을 누르고 실질적인 통일을 이루었습니다. 러시아와 조약을 맺어서 크고 작은 싸움을 막기도 했고요.

– 왕 웨이(청나라 장군)

검소한 생활로 모범을 보이셨죠

폐하는 백성들이 더 편하게 살 수 있도록 몇 번이나 세금을 깎아 주었습니다. 또 농부들을 위해 둑을 쌓아 홍수를 막았습니다. 이게 다 청나라 지방 곳곳을 방문해 백성들의 생활을 살폈기 때문이래요. 늘 검소한 생활을 해서 왕실의 남은 돈으로 방문하는 경비를 마련했답니다. 난 폐하를 무척 존경합니다.

– 슈준(청나라 농부)

📷 화제의 인물 — 그 아버지에 그 아들! 옹정제와 건륭제

1722년, 강희제가 죽은 후 청나라의 힘은 더 세졌다. 연이어 황제가 된 옹정제와 건륭제가 나라를 잘 다스렸기 때문이다. 강희제의 넷째 아들 옹정제는 청나라의 지배 체제를 확립하였다. 그 뒤 건륭제는 나라의 살림살이를 풍요롭게 만들고, 영토를 티베트와 신장, 몽골까지 넓혔다. 건륭제 때의 영토는 지금의 중국 영토와 거의 비슷하다.

강희제 (중국)
(1654~1722년)

중국 청나라의 제4대 황제. 가장 오랜 기간 청나라 황제로 지내며 나라를 안정시킴.

가장 부지런한 황제였어요

폐하는 늘 부지런했답니다. 폐하께 올라오는 문서를 모두 꼼꼼하게 읽으시고 틀린 글자가 있으면 그것을 직접 고치기도 했습니다. 세계 역사에서 이렇게 열심히 일한 황제가 또 있을까요?

― 황쯔타오(청나라 신하)

어찌나 꼼꼼하신지……

학문을 사랑하셨답니다

폐하는 평생 책을 가까이하셨습니다. 학자들을 불러 토론하는 것도 즐겼습니다. 유교 사상도 몸소 실천하셨어요. 청나라는 여진족이 세운 나라여서 예로부터 중국에서 살아온 한족은 명나라를 멸망시킨 청나라를 싫어했습니다. 그런데 폐하 덕분에 한족도 청나라를 좋아하게 되었습니다.

― 리펑(청나라 한족 학자)

105

특종 세계사 50 - 프리드리히 대왕

작지만 강한 나라를 만들다

✏️ 프로이센이 강대국이 된 비결

서유럽과 러시아 사이에 있던 프로이센은 주변 나라들 힘에 눌려 기를 펴지 못하고 있었다. 그러다가 프리드리히 대왕이 나라를 다스린 뒤 유럽에서 다섯 손가락 안에 드는 강한 나라가 되었다. 그 비결이 무엇일까?

나는야 국가의 심부름꾼

프리드리히 대왕은 국민의 행복이 우선이라고 생각했다. 프리드리히 대왕은 스스로를 계몽 군주라고 부르면서 나라를 위한 일에 적극적으로 나섰다. 인재를 뽑아 쓰고, 직접 국가의 모든 조직을 다스리며, 군사 작전을 짜기도 했다.

유럽 최고의 군대 조직

프리드리히 대왕의 아버지 프리드리히 빌헬름 1세는 강력한 나라를 만들려면 강력한 군사력이 뒷받침되어야 한다고 생각하고 군사력을 키웠다. 원래 공부하기를 좋아하던 프리드리히 대왕은 왕이 된 뒤 아버지와 닮아 갔다. 일 년 내내 군사 훈련을 하는 상비군을 키웠는데, 세금의 절반 이상이 군사력 강화에 쓰였다고 한다.

군사력을 키운 프리드리히 대왕은 오스트리아를 포함한 유럽의 나라들과 수차례 전쟁을 벌여 영토를 넓혔다.
7년 전쟁 이후, 프로이센과 세력 다툼을 하던 나라들은 프로이센과 평화 조약을 맺었다. 이후 프로이센은 유럽의 한가운데에서 새로운 강자가 되었다.

프리드리히 대왕 (프로이센)
(1712~1786년)

프로이센의 국왕.
스스로 계몽 군주라 부르고,
프로이센을 유럽의 강대국으로 만듦.

그것이 알고 싶군
프리드리히 대왕이 만든 궁전

독일의 포츠담에 있는 상수시 궁전은 프리드리히 대왕이 원래 포도밭이었던 곳을 궁전으로 만든 것이다. 프랑스 어로 '근심이 없는'이라는 뜻을 가지고 있다. 프리드리히 대왕은 오스트리아에 승리하여 차지한 슐레지엔 지역에 궁전을 짓고 볼테르, 루소 같은 당시에 유명한 학자들을 불러 가르침을 받았다. 프리드리히 대왕은 음악적 재능이 뛰어났는데 플루트 연주 실력은 당시의 음악가들도 놀랄 정도였다.

국제 정세
18세기 유럽의 다섯 강대국

18세기, 유럽에는 다섯 개의 강대국이 있었다. 영국, 프랑스, 러시아, 프로이센, 오스트리아였다. 17세기까지 신대륙을 정복하고 무역으로 돈을 많이 번 영국, 스페인, 네덜란드가 세력을 떨치다가 영국과의 경쟁에서 밀린 스페인, 네덜란드는 점점 기울기 시작했다. 그 대신 러시아의 표트르 대제, 프로이센의 프리드리히 대왕, 오스트리아의 마리아 테레지아 같은 왕이 나라의 개혁을 이끌면서 점점 신흥 강대국이 되었다.

특종 세계사 51 – 몽테스키외

국가 권력을 세 개로 나눕시다!

✏️ 삼권 분립 제도, 이래서 필요합니다!

18세기, 프랑스의 정치 철학자 몽테스키외는 《법의 정신》에서 '삼권 분립'을 주장하였다. 몽테스키외와의 인터뷰를 통해 삼권 분립에 대해 자세히 알아보자.

기자 선생님, 삼권 분립이 무엇인가요?

몽테스키외 국가의 권력을 세 곳에 나누어 주어야 한다는 겁니다. 세 곳이란 행정부(정부), 입법부(국회), 사법부(법원)입니다. 권력이 한 곳에 집중되면 독재 정치를 하기 쉽습니다. 독재 정치는 국민의 권리와 자유를 억누를 수 있기 때문에 바람직하지 않습니다. 그 대신 삼권 분립을 하면 서로 견제를 하니까 독재를 막을 수 있어요.

기자 삼권 분립은 완벽한 제도입니까?

몽테스키외 이 세상에 완벽한 제도가 있을까요? 한 가지 확실한 건, 독재 정치보다 삼권 분립 정치가 장점이 더 많다는 사실입니다. 의회가 왕의 권력을 견제하는 영국을 보세요. 영국이 유럽 최고의 강대국이 될 수 있었던 것은 권력을 나누는 정치를 실천했기 때문일 겁니다.

기자 선생님의 주장이 받아들여질까요?

몽테스키외 왕실에서 당장 저의 주장을 받아들일 거라 기대하진 않아요. 하지만 점차 많은 사람이 나의 주장을 지지할 거라고 확신합니다. 언젠가는 삼권 분립을 모범적으로 실천하는 나라도 생겨나겠지요.

몽테스키외(프랑스)
(1689~1755년)

프랑스의 계몽 사상가.
삼권 분립을 주장하여 미국의
헌법과 프랑스 혁명에 영향을 줌.

세상에 이럴 수가
미래를 정확히 본 몽테스키외

몽테스키외의 삼권 분립 주장은 곧 현실이 되었다. 1776년, 영국으로부터 독립한 미국은 새로운 정부를 만들고 세계 최초로 삼권 분립 제도를 실시하였다. 이후 나라의 주인인 국민이 정치에 참여하는 민주주의 국가에서 대부분 몽테스키외의 삼권 분립을 도입하였다.

짤막 상식
대한민국의 삼권 분립

우리나라도 삼권 분립의 원칙에 따라 국회 의원들이 모여 법을 만드는 입법부(국회), 국민들을 위해 나라 살림을 하는 대통령과 국가 기관이 주축이 되는 행정부, 개인이나 국가가 법을 어겼을 때 심판하는 사법부(법원)에서 나라의 일을 나누어 맡는다.

▲우리나라의 입법 기관인 국회

그것이 알고 싶군
계몽사상이란?

17~18세기, 유럽에서는 인간의 생각하는 능력을 중요하게 생각하는 지식 운동이 일어났다. 이것을 계몽사상(계몽주의)이라고 한다. 계몽 사상가들은 미신을 멀리하고, 열심히 공부하여 새로운 것을 알아내며, 불합리한 제도와 전통은 바로잡아야 한다고 주장하였다. 계몽사상의 중심지는 프랑스였다. 몽테스키외, 볼테르, 루소는 인간의 자유와 평등, 삼권 분립 등을 주장하며 프랑스 혁명에 영향을 주었다.

특종 세계사 52 – 제임스 와트

증기 기관이 가져온 산업 혁명

✏️ 와트식 증기 기관을 만든 제임스 와트

기계 장치 기술자였던 아버지의 일터에서 기계 설비를 보고 배운 제임스 와트는 청년이 되어 대학교의 수학 실험 도구를 관리하고 보수하는 일을 하게 되었다.

어느 날, 와트는 학교의 증기 기관을 수리하는 일을 맡았다. 증기 기관은 수증기의 힘으로 기계를 돌리는 장치다. 와트는 작업을 통해 증기 기관의 아쉬운 점을 몇 가지 발견했다. 증기 기관을 돌리는 데 많은 양의 석탄이 필요했고, 열 손실도 컸다. 와트는 연구 끝에 효율적이고 보급하기도 쉬운 와트식 증기 기관을 발명하고 특허*를 냈다.

*특허(特許): 처음 만든 사람만이 만들어 판매할 수 있는 법적 권리.

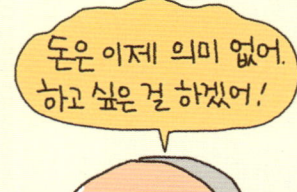

증기 기관이 왜 놀라운 발명품일까?

옛날에는 높은 곳에서 물이 떨어지는 힘, 바람이 부는 힘 등을 이용해서 기계를 움직였다. 이 방법은 약점이 있었다. 공장을 지을 장소에 제약을 받았기 때문이다. 그래서 와트식 증기 기관 발명을 가장 반가워한 사람은 공장 주인들이었다. 공장 주인들은 서둘러 기계 설비를 바꾸었다. 그 덕분에 철 생산량이 늘었고, 캐내는 석탄의 양도 많아졌으며, 공장의 생산량도 늘어 산업 분야 전체에서 눈부신 발전을 이루었다.

◀제임스 와트가 발명한 증기 기관 모형

제임스 와트(영국)
(1736~1819년)
영국의 기계 기술자.
와트식 증기 기관을 발명하여
산업 혁명이 일어나게 함.

화제의 현장 | 산업 혁명을 이끈 발명품 전시회

하그리브스의 제니 방적기

방적기는 옷감의 재료를 길게 꼬아 실을 만드는 기계이다. 하그리브스는 많은 양의 실을 만들기 위하여 여러 개의 물레가 하나의 기계로 돌아가도록 만들었다. 하그리브스가 제니 방적기를 만든 뒤 영국의 실 생산량은 최고 300배 이상 늘었다.

카트라이트의 방직기

카트라이트는 기계가 직접 옷감을 짜는 방직기를 발명했다. 돈이 많은 영국의 사업가들은 방적기와 방직기를 여러 개 설치하여 많은 양의 옷감을 만들었다. 그 덕분에 영국의 면직물 산업은 빠르게 발달하였다.

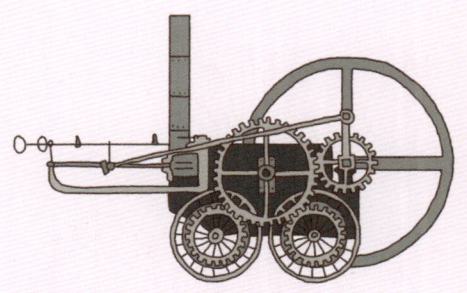

스티븐슨의 증기 기관차

증기 기관과 여러 가지 발명품은 교통수단에도 영향을 주었다. 스티븐슨은 증기 기관의 원리를 이용하여 철도 위를 달리는 기관차를 발명하였다. 증기 기관차의 발명으로 석탄이나 철 같은 무거운 원료나 공장에서 만든 물건을 한꺼번에 많이, 또 멀리까지 옮길 수 있게 되었다.

사회 요런조런 | 산업 혁명이 바꾼 세상 풍경

- 공장 노동자들은 한 가지 작업을 전문적으로 맡아서 하는 분업을 하게 되었다.
- 농촌 사람이 고향을 떠나 공장으로 몰렸다.
- 노동자들이 아주 적은 임금을 받고 일을 했고, 큰돈을 번 자본가가 생겨 가난한 사람과 부자의 차이가 심해졌다. 자본가의 힘이 귀족을 넘어서게 되었다.

특종 세계사 53 – 조지 워싱턴

독립군 총사령관에서 대통령까지

📝 새로 생긴 나라, 미국

신대륙 개척의 역사

- 1492년 콜럼버스가 신대륙을 발견했다.
- 1607년 영국인 이주민들이 북아메리카 동쪽에 '제임스타운'을 만들었다.
- 1620년 영국의 청교도들이 종교의 자유를 찾아 메이플라워호를 타고 미국으로 건너왔다. 이들은 원래 살던 인디언을 서쪽으로 몰아내고 영역을 넓혀 나갔다.

미국의 독립 과정

- 1732년 영국은 북아메리카 동부 해안에 13개의 식민지 건설을 완료했다.
- 1773년 영국의 무리한 세금 정책에 불만을 품은 식민지 주민들이 영국 배를 공격한 '보스턴 차 사건'이 일어났다.
- 1776년 13개의 식민지 대표들이 대륙 회의를 열어 독립 선언서를 발표하였다.
- 1783년 식민지군은 영국을 견제하던 다른 나라의 도움으로 독립을 약속 받았다.

조지 워싱턴 (미국)
(1732~1799년)

미국의 첫 번째 대통령. 미국의 독립 전쟁을 지휘하고 독립 후 대통령이 됨.

화제의 인물 — 미국 독립 운동의 지도자, 조지 워싱턴

조지 워싱턴은 1732년, 버지니아 주에서 태어났다.
미국의 13개 주 대표들은 독립 전쟁의 총 책임자로 영리하고 리더십 있는 조지 워싱턴을 세웠다.
전쟁 초반에는 영국이 우세했다. 훈련된 병사들과 많은 무기를 가지고 있었기 때문이다. 하지만 영국이 더 강력해지는 걸 두려워하던 나라들이 미국 식민지군을 돕기 시작하면서 전쟁의 상황이 달라졌다. 불리해진 영국은 1781년에 식민지군에 항복했고, 마침내 미국은 1783년에 독립하여 새 나라를 건설하였다.
조지 워싱턴은 미국의 첫 번째 대통령이 되었다. 미국의 독립 소식은 다른 식민지 나라들에 전해져 독립의 꿈을 꾸게 만들었고, 프랑스 시민 혁명이 일어나는 결정적인 계기가 되었다.

▲ 조지 워싱턴 기념 우표

특종 세계사 54 - 로베스피에르

프랑스 혁명을 이끈 로베스피에르

유럽 대륙을 뒤흔든 프랑스 혁명

1789년, 프랑스 시민들이 인간의 자유와 평등을 주장하며 혁명을 일으켰다. 그 결과 유럽을 비롯한 세계 여러 나라에서 혁명의 바람이 불었다.

1789년 6월 프랑스 국민 의회를 만들다

프랑스의 왕 루이 16세는 사치로 왕실의 돈을 바닥내고 말았다. 왕은 이 문제를 해결하기 위해 성직자, 귀족, 평민 대표를 모아 세금을 더 걷을 것을 주장했다. 무거운 세금에 시달리던 평민 대표들은 이 일을 계기로 '국민 의회'라는 조직을 만들었다.

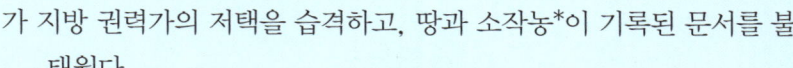

1789년 7월 파리 바스티유 감옥 습격 사건이 일어나다

프랑스 왕실은 군대에 국민 의회를 막도록 지시하였다. 시민들은 분노하여 바스티유 감옥으로 몰려갔다. 일은 갈수록 커져서 전국으로 확산되었다. 지방의 농민들은 흉년과 세금 부담에 시달리다가 지방 권력가의 저택을 습격하고, 땅과 소작농*이 기록된 문서를 불태웠다.

1789년 8월 프랑스 인권 선언 발표하다

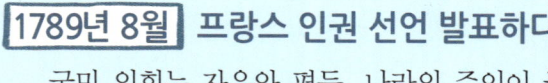

국민 의회는 자유와 평등, 나라의 주인이 국민임을 선언하고 새 나라를 위한 제도를 만들어 나갔다. 프랑스 혁명을 보고 따라서 반란을 일으킬까 봐 긴장한 이웃 나라에서도 간섭하기 시작했다. 혁명이 과격해지자 국민 의회 지도자들은 서둘러 왕을 처형하고, 왕이 다스리는 나라가 끝났음을 선언하였다.

*소작농: 땅을 빌려 농사를 짓고 그 대가를 바치는 사람들.

로베스피에르 (프랑스)
(1758~1794년)

프랑스 혁명의 지도자.
프랑스 혁명 때 급진 개혁파를
이끌고, 공포 정치를 실시함.

화제의 인물 — 로베스피에르의 공포 정치

로베스피에르는 프랑스 혁명을 이끈 지도자 중 한 사람이다. 프랑스 혁명의 열기가 거세지자 혁명의 지도부는 편을 가르기 시작하였다. 로베스피에르는 왕을 몰아내고, 급진적인 개혁을 이루자고 주장하는 세력의 우두머리였다.

루이 16세가 처형되자, 주변 나라에서 프랑스를 침략할 계획을 세웠다. 혁명을 반대하는 움직임도 일어나기 시작하였다. 게다가 물가가 오르고, 생활이 궁핍해지면서 프랑스 국민들이 술렁이고 있었다. 로베스피에르는 불안해하는 국민들의 마음을 붙들기 위해 공포 정치를 실시하였다. 그러나 국민들의 불만에 부딪혀 처형당하고 말았다.

짤막 상식

프랑스 혁명이 남긴 귀한 선물 '인권 선언'

프랑스 혁명 당시 발표한 인권 선언문은 '인간은 태어나면서부터 자유와 평등의 권리를 가진다.'는 내용으로 시작된다. 혁명의 정신은 이후 다른 나라에 영향을 주었고, 훗날 세계 민주주의 국가의 기본 정신과 법의 바탕이 되었다.

- 제1조 인간은 태어나면서부터 자유롭고, 평등할 권리를 가진다.
- 제3조 나라의 권리는 국민으로부터 나온다.
- 제6조 모든 시민은 법률을 정하는 데 참여할 권리를 가진다.
- 제7조 재산권은 누구도 침해할 수 없는 신성한 권리이다.

▲ 인간과 시민의 권리 선언(프랑스 인권 선언, 1789)

특종 세계사 55 - 나폴레옹

내 사전에 불가능은 없다

나폴레옹(프랑스)
(1769~1821년)
프랑스 군인 출신 황제.
프랑스 주변 지역을 점령하였으나
러시아 원정은 실패함.

🖊 황제까지 오른 군인

나폴레옹은 프랑스 혁명을 지지하였다.

육군 사관 학교를 졸업한 나폴레옹은 1793년부터 이름을 알리기 시작한다.

나폴레옹은 1796년 이탈리아에서 오스트리아 군대를 무찔러 프랑스의 영웅이 되었다.

야심만만했던 나폴레옹은 로베스피에르가 처형당하고 혼란스러운 틈을 타 군사 반란을 일으켰다.

나폴레옹은 정권을 잡았다. 프랑스 국민도 대부분 나폴레옹을 지지했다.

나폴레옹이 이끄는 군대는 가는 곳마다 승리하였다. 나폴레옹은 이탈리아에서 연이어 승리하여 국민들의 지지를 얻는 한편, 황제가 된 뒤에도 오스트리아, 프로이센 등을 차례로 굴복시켰다. 험준한 알프스 산맥을 넘어 오스트리아와 싸울 때에는 "내 사전에 불가능이란 단어는 없다."라는 말을 했다고 전한다.

그것이 알고 싶군 — 나폴레옹이 러시아 원정에 실패한 까닭은?

나폴레옹의 특기는 총공격으로 최대한 빨리 적의 항복을 받아 내는 것이었다. 하지만 러시아에는 이 작전이 통하지 않았다. 프랑스에서 러시아로 가는 데 시간이 많이 걸려 병사들이 싸우기도 전에 지쳤기 때문이다. 러시아 군대는 모스크바를 불태우고 동쪽으로 이동했다. 프랑스 군대가 모스크바에서 겨울을 나지 못하게 하려는 작전이었다. 나폴레옹은 모스크바에서 식량 부족에 허덕여야 했다. 갈수록 날씨는 추워졌다. 결국 프랑스는 러시아의 항복을 받지 못하고 돌아갈 수밖에 없었다. 프랑스로 돌아오는 길에서도 많은 병사가 추위와 굶주림으로 죽고 말았다.

독일이 낳은 천재 음악가

특종 세계사 56 – 베토벤

📝 장애를 극복한 베토벤의 음악에 대한 열정

1770년, 독일에서 태어난 베토벤은 일찍부터 음악적 재능을 인정받은 천재 음악가였다. 하지만 모차르트보다 유명한 음악가로 만들고 싶은 가족의 욕심 때문에 베토벤의 어린 시절은 그다지 행복하지 않았다. 성인이 된 베토벤에게 결정적인 시련이 찾아왔다. 점점 소리가 들리지 않은 것이다. 하지만 베토벤은 절망하지 않고, 운명과 싸우기로 했다. 베토벤은 귀로 소리를 듣는 대신 음의 진동을 느끼면서 작곡을 해 나갔다. 음악에 대한 열정이 없었다면 불가능한 일이었다. 그렇게 베토벤은 〈영웅 교향곡〉을 작곡하였다.

베토벤(독일)
(1770~1827년)
독일의 작곡가.
귀가 들리지 않는 어려움을 극복하고,
〈영웅 교향곡〉, 〈합창 교향곡〉 등을 남김.

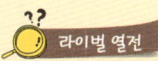 음악 천재 베토벤 VS 모차르트

| 독일의 천재 작곡가, 베토벤 오스트리아의 천재 작곡가, 모차르트 |

 1770년, 독일에서 가난한 음악가의 아들로 태어나 어렸을 때부터 혹독한 음악 교육을 받았다. 거의 소리를 들을 수 없는 상황에서도 〈운명 교향곡〉, 〈전원 교향곡〉, 〈합창 교향곡〉 등 위대한 음악들을 남겼다. 18~19세기 초까지 오스트리아를 중심으로 번성했던 고전파 음악이 베토벤 대에서 마무리되었다.

1756년, 오스트리아에서 태어났다. 일찍이 음악적 재능이 남달라 '신동'이라는 소리를 들었던 모차르트는 4세 때 피아노를 배우기 시작하여 5세 때에는 작곡을 할 정도였다. 36세의 젊은 나이에 세상을 떠났지만 어려서부터 왕성한 창작 활동을 하여 장르를 구분하지 않고, 여러 영역에서 위대한 작품을 남겼다.

1787년, 베토벤과 모차르트는 오스트리아 빈에서 만났다. 모차르트는 베토벤의 연주 실력을 알아보았다. 모차르트는 "이 젊은이를 눈여겨보아라. 머지않아 세상을 향해 천둥을 울릴 날이 있을 것이다."라고 말했다고 한다.

유럽을 울린 《젊은 베르테르의 슬픔》

독일 출신의 젊은 작가 괴테가 발표한 소설 《젊은 베르테르의 슬픔》은 18세기에 가장 화제가 된 문학 작품이다. 이 책은 베르테르가 로테라는 여인을 사랑하게 되지만 그 사랑을 이루지 못하자 절망하여 자살한다는 내용이다. 소설을 읽은 사람들 중에서 책에 푹 빠져 베르테르를 따라 하는 사람이 생겼을 정도였다. 괴테는 훗날 《파우스트》라는 희곡을 써서 독일을 대표하는 작가가 되었다.

특종 세계사 57 – 시몬 볼리바르

라틴 아메리카의 해방자

✏️ 평생 독립 운동에 몸 바친 볼리바르 회고록

19세기 초, 스페인이 지배하던 라틴 아메리카에서 대규모 독립 운동이 일어났다. 독립 운동을 이끈 지도자 중 가장 활약이 큰 인물은 볼리바르였다. 그가 남긴 기록을 통해 당시의 상황을 살펴보자.

라틴 아메리카를 자유의 땅으로 만들기로 마음먹다

나는 라틴 아메리카에 이민 온 스페인 귀족 집안에서 태어났다. 집안 형편이 넉넉해 16세에 유럽으로 유학을 떠났다. 유럽에는 프랑스 혁명의 영향을 받아 자유의 바람이 불고 있었다. 나는 '같은 사람인데 왜 라틴 아메리카 사람들은 억압을 받으며 살아야 하는가?'라고 생각했다.
나는 결심했다. 고향으로 돌아가 라틴 아메리카를 자유의 땅으로 만들 것이다!

지금이 기회다!

스페인은 나폴레옹의 공격을 받아 국력이 크게 약해진 상태였다. 식민지를 제대로 다스릴 여유가 없었다. 나는 사람들 앞에 나서서 독립 운동에 참여할 것을 큰 목소리로 외쳤다. 스페인과 라이벌 나라인 영국에 싸울 수 있도록 무기를 지원해 달라고 부탁했다. 독립 운동은 베네수엘라에서 첫 결실을 맺었다. 스페인 총독을 쫓아내는 데 성공한 것이다.
나는 만족하지 않고 더 큰 목표에 도전하기로 했다. 그것은 라틴 아메리카 전체의 해방이었다.

📷 화제의 인물 **산마르틴과 이달고**

볼리바르 못지않게 라틴 아메리카의 독립에 기여한 인물 중에 산마르틴과 이달고가 있다. 산마르틴은 독립군을 조직해 라틴 아메리카의 남쪽에 있는 아르헨티나 지역과 안데스 산맥 너머 칠레 지역까지 독립시켰다. 멕시코의 가톨릭교 신부인 이달고는 1810년에 수만 명의 무리를 이끌고 스페인을 상대로 시위를 벌였다. 이달고가 죽은 뒤에도 독립 운동은 멈추지 않고 이어져 1821년에 멕시코는 독립을 이루었다.

시몬 볼리바르(베네수엘라)
(1783~1830년)
라틴 아메리카의 독립 운동 지도자.
대콜롬비아 공화국을 세우고,
대통령이 됨.

밀림을 뚫고 산을 넘어 나가자

스페인도 가만히 있지 않았다. 군대를 보내어 독립군을 탄압했다.
나는 스페인 군대에 쫓겨 자메이카로 몸을 피하기도 했다.
군사력을 튼튼하게 재정비한 독립군은 스페인에 반격을 시작했다.
밀림을 뚫고 산을 넘어 스페인 군대의 중심부를 기습 공격했다.
이 전투의 승리로 콜롬비아가 해방되었다.
"진격하라, 자유의 용사들이여! 승리는 우리 것이다."
나는 멈추지 않고 페루의 독립에도 힘을 쏟았다.
1819년에는 대콜롬비아 공화국을 세웠다.

훗날 사람들은 볼리바르를
'라틴 아메리카의 해방자'
라고 칭송하였다.

📝 **짤막 상식** **섬나라 아이티, 라틴 아메리카 최초로 독립**

라틴 아메리카 국가 중 최초로 독립을 이룬 나라는 카리브 해에 있는 섬나라 아이티였다. 아이티는 원래 스페인의 식민지였다가 프랑스에 넘어갔다. 주민 대부분은 아프리카에서 끌려온 흑인으로, 사탕수수를 재배하며 힘들게 살았다.
프랑스 혁명에 용기를 얻은 아이티 사람들은 프랑스의 탄압을 물리치고 1804년에 독립 국가가 되었다.

특종 세계사 58 - 에이브러햄 링컨

노예를 해방시킵시다!

📝 미국의 북부 vs 남부 격돌

독립을 이룬 미국은 영토를 넓히고, 산업을 발전시켰다. 1840년대에는 이민 열풍으로 인구도 크게 늘었다. 그러던 중 1861년에 전쟁이 일어났다. 노예 제도를 둘러싸고 미국 북부와 남부가 입장 차이를 보였기 때문이다. 전쟁의 원인부터 결과까지 차근차근 살펴보자.

원인
노예 제도를 유지할까, 말까?

상공업이 발달한 미국 북부의 주에서는 노예 제도를 폐지할 것을 주장하였다. 반면, 남부에서는 노예 제도를 없앨 경우 일손 부족으로 농장 경영에 어려움이 생길까 봐 노예 제도 폐지를 반대했다. 노예 제도 폐지를 주장하는 링컨이 대통령이 되자 북부와 남부의 갈등은 커졌다. 1861년, 남부가 북부에 공격을 시작하였다. 이로써 전쟁이 시작되었다.

과정
처음엔 남군이, 나중엔 북군이 우세하다

전쟁 초반에는 남부가 유리한 듯 보였다. 노예 제도를 유지하려는 열의가 높았기 때문이다. 하지만 북부는 발달한 무기로 잘 싸워 나갔다. 1863년, 링컨이 노예 해방을 선언했다. 남부의 노예들은 탈출하여 북부의 군대에 지원했다. 결국 게티즈버그 전투에서 북부가 승리하면서 남북 전쟁은 끝이 났다.

에이브러햄 링컨(미국)
(1809~1865년)

미국 제16대 대통령.
남북 전쟁에서 북군을 지휘하고,
노예 해방을 선언함.

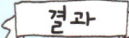

노예 해방 선언 후 평화가 찾아왔을까?

북부의 승리로 노예 제도는 공식적으로 폐지되었다. 하지만 당장 노예들의 형편이 좋아진 것은 아니었다. 흑인 노예들은 그 후로도 오랫동안 사회적, 경제적으로 차별 대우를 받았다. 실제로 미국의 흑인 노예가 정치에 참여할 수 있게 된 것은 남북 전쟁이 끝나고도 약 100년 뒤인 흑인 해방 운동이 있은 뒤부터였다.

도대체 언제쯤 좋은 날이 올까요?

그것이 알고 싶군 — 에이브러햄 링컨의 일생

링컨은 1809년에 미국 켄터키 주의 가난한 집안에서 태어났다. 어렸을 때부터 책을 좋아한 링컨은 뱃사공, 가게 점원 등으로 일을 하면서도 손에서 책을 놓지 않았다. 링컨은 혼자서 법학을 공부하여 변호사 시험에 합격했다. 어렸을 때부터 정치가를 꿈꾸었던 링컨은 미국의 제16대 대통령이 되었다. 북부 연합군을 이끌던 링컨은 게티즈버그에서 남부 연합군에 승리한 뒤 "국민의, 국민에 의한, 국민을 위한 정부는 영원히 사라지지 않을 것이다."라는 유명한 연설을 남겼다.

세상에 이럴 수가 — 인종 차별 비밀 조직 KKK단

남북 전쟁이 끝난 후에도 결과에 승복하지 않은 남부의 백인들은 무기를 앞세운 비밀 폭력 단체인 KKK(큐 클럭스 클랜)단을 조직하기도 하였다. KKK단은 흑인을 납치·살해하고 흑인들의 집에 불을 질러 겁을 주었다.

흑인이 기를 펴는 꼴을 못 봐주겠어.

너를 더 못 봐주겠다.

특종 세계사 59 - 찰스 다윈

인간은 진화한 동물이다?

✏️ 영국 생물학자 다윈, 진화론을 발표하다

1859년, 영국의 생물학자 다윈이 《종의 기원》이라는 책을 통해 생물의 진화론을 발표하였다. 생물은 원시적인 생물로 시작해 오랜 세월 진화하여 현재에 이르렀다는 주장이었다.

다윈의 진화론이 세상에 알려지자, 영국은 발칵 뒤집혔다. 1860년, 영국 과학 발전 협회가 '진화론 찬반 토론회'를 열었다. 토론회장의 열기는 뜨거웠다. 찬성과 반대를 주장하는 양측의 주장이 팽팽했다. 진화론 논쟁은 영국뿐만 아니라 세계 여러 나라로 퍼졌다.

반대론

인류의 조상이 원숭이라니!

다윈의 진화론에 가장 분노한 것은 교회 성직자들이었다. 진화론은 하나님이 세상과 인류를 만들었다는 창조론을 뒤엎는 위험한 사상이었기 때문이다. 다윈의 이론 대로라면 인간은 원숭이의 한 종류로부터 진화한 동물이었다. 성직자 외에도 모든 생물체를 신이 창조했다고 믿는 사람들은 다윈의 주장을 '미친 소리'라고 비난하였다.

찰스 다윈 (영국)
(1809~1882년)

영국의 생물학자. 《종의 기원》을 쓰고 생물의 진화론을 주장함.

짤막 상식 — 눈부시게 발전하는 19세기 과학과 기술

- 1807년 로버트 풀턴, 증기선 출항에 성공함.
- 1827년 존 워커가 성냥을 발명함.
- 1844년 모스가 유선 전신을 발명함.
- 1863년 영국에서 최초의 지하철이 개통함.
- 1876년 벨이 유선 전화기를 발명함.
- 1879년 에디슨이 백열전구를 발명함.
- 1895년 뢴트겐이 인체 내의 뼈를 볼 수 있는 'X'선을 발견함.

- 그러면 창조론을 증명해 봐라!
- 진화론에 대해 좀 더 자세히 알고 싶으면 요걸 보시라!
- 우리에게는 증거가 있다!
- 우린 과학과 증거를 믿을 거다!
- 열기가 뜨겁네요~
- 이거야 원 결론이 안 나는군.

찬성론

과학 역사에 길이 남을 위대한 발견!

진화론을 믿는 사람들은 다윈이 20여 년 동안 동식물을 연구하여 만들어 낸 진화론이 믿을 만한 주장이라고 생각했다. 어떤 이들은 진화론이 과거 코페르니쿠스가 지동설을 주장한 것처럼 과학 역사에서 매우 중요한 발견이라고 평가했다. 시간이 갈수록 진화론을 믿는 사람이 늘어났다.

특종 세계사 60 - 빈센트 반 고흐

세상에서 가장 유명한 화가

죽은 뒤 위대함을 인정받은 고흐

네덜란드에서 태어난 고흐는 불행한 삶을 살았다. 가난에 시달렸지만 과격한 성격 때문에 돈을 버는 일도 쉽지 않았다. 30세가 넘어서는 발작으로 입원을 하는 일도 잦았다. 고흐는 화가가 된 뒤 10년이 안 되는 짧은 기간 동안 예술혼을 불태웠다. 고흐는 노동자와 농민 등 하층민의 생활과 자연의 풍경을 자기만의 기법으로 표현하였다.

자화상, 1889년

별이 빛나는 밤, 1889년

고흐는 무려 43점의 자화상을 그렸다. 자화상은 화가가 자기 자신을 그린 그림이다. 이 그림은 발작으로 병원에 입원했을 때 자신의 격한 감정을 담아 그린 자화상이다.

고흐의 작품 중 아주 널리 알려져 있는 그림으로, 병원에서 창밖을 보고 그렸다. 소용돌이치는 별들이 외로움과 불안에 떨고 있는 화가의 마음을 잘 표현하고 있다.

빈센트 반 고흐(네덜란드)
(1853~1890년)
네덜란드의 화가.
강렬한 색채의 화풍으로
〈별이 빛나는 밤〉 등을 그림.

특종 인상파 화가 특별전

피아노 치는 소녀들, 르누아르, 1892년

프랑스의 화가 르누아르는 밝고 화사한 색을 사용하여 그림을 그렸다. 이 그림에는 파리의 부유한 가정 모습이 담겨 있다.

인상·해돋이, 모네, 1872년

1874년, 파리에서 열린 전시회에서 모네가 출품한 작품이다. 어둠 속에서 해가 막 떠오르는 풍경을 전체적인 분위기를 강조하여 그렸다. 인상주의라는 미술 흐름을 만들어 낸 작품이다.

카드놀이 하는 사람들, 폴 세잔, 1895년경

후기 인상파 화가인 프랑스 화가 폴 세잔이 그린 작품이다. 두 남자가 카드놀이를 하는 모습과 주변을 깊이감 있는 색으로 칠하여 보는 사람마저 긴장하게 만든다.

특종 세계사 61 – 마하트마 간디

비폭력·불복종 독립 운동

영국의 지배를 받던 인도에서 20세기 들어 독립 운동이 일어났다. 간디는 인도가 영국으로부터 독립할 수 있도록 비폭력·불복종 운동을 일으킨 민족 지도자였다.
간디가 인도인들을 위해 한 일을 살펴보자.

❶ 1891년 인도 상류층에서 태어난 간디는 변호사가 되었다.

❷ 1893년 남아프리카에서 인종 차별 반대 운동의 지도자가 되었다.

❸ 1906년 남아프리카에서 인도인을 차별하고 탄압하는 백인들에게 비폭력 저항 운동을 벌였다.

❹ 1919년 간디는 인도에서 영국 정부에 협력하지 말자는 운동을 펼쳤다.

마하트마 간디 (인도)
(1869~1948년)

인도의 민족 운동 지도자. 인도의 독립을 위해 영국에 대항해 비폭력 독립 운동을 펼침.

❺ 영국 정부는 간디를 탄압했지만 간디는 굴복하지 않았다.

끝어내!

모든 인도인이 힘을 모으면 폭력을 쓰지 않아도 독립을 이룰 수 있습니다. 싸우지 말고 인도인의 힘을 보여 줍시다!

간디 때문에 독립 운동에 참여하는 인도인이 나날이 늘고 있다.

영국의 탄압은 인도인의 독립 의지를 더 강하게 해 줄 뿐입니다.

❻ 간디의 독립 의지는 감옥에서도 꺾이지 않았다.

그러면 영국 경제에 큰 타격을 줄 것입니다.

❼ 간디는 영국산 면제품 안 쓰기 운동, 소금세 반대 행진 등을 벌였다.

으르렁
힌두교 / 이슬람
그만둬! / 기껏 독립했는데……

영국이 인도의 독립을 결정한 마당에 이러면 못써!

마하트마 간디! 위대한 사람

❽ **1947년** 간디의 독립 운동은 결실을 맺었다. 하지만 인도는 종교 갈등으로 둘로 나뉠 위기에 처했다.

❾ 간디는 두 세력이 하나로 뭉칠 것을 주장하였다. 간디가 죽은 뒤에도 그의 평화 사상과 폭력 없는 인도의 독립 운동은 수많은 세계인을 감동시켰다.

특종 세계사 62 – 아인슈타인

시간과 공간의 절대성을 깨다

✏️ 아인슈타인의 과학 인생 인터뷰

20세기 과학 기술은 눈부신 발전을 이루었다. 독일 출신의 물리학자 아인슈타인도 수차례 물리학 이론을 발표하며 과학 발전에 기여했는데 아인슈타인을 만나 과학 인생 이야기를 들어 보자.

- 🧑 **기자** 안녕하세요, 선생님. 선생님의 인생 이야기부터 들려주세요.
- 👨‍🦳 **아인슈타인** 독일에서 태어난 나는 수학과 물리학을 좋아하는 학생이었습니다. 나는 대학에서 물리학을 전공했어요. 대학 졸업 후에는 스위스 특허 관리국 직원으로 일하면서 틈틈이 연구에 몰두하여 1905년, 1916년에 두 가지 상대성 이론을 발표했습니다. 히틀러가 독일의 총통*이 된 뒤에는 미국으로 떠나 연구를 계속했지요. 나는 그동안의 연구 성과를 인정받아 1921년에 노벨 물리학상을 받았습니다.

*총통: 대통령, 총리, 당의 대표 권한을 모두 갖는 직위.

아인슈타인(독일)
(1879~1955년)
미국의 이론 물리학자.
상대성 이론을 밝히고,
노벨 물리학상을 수상함.

🧑 **기자** 선생님의 상대성 이론은 어떤 내용인가요?

👴 **아인슈타인** 전문가가 아니면 이해하기 어렵기 때문에 간단하게 개념만 설명하겠습니다. 상대성 이론은 시간과 공간의 측정 결과가 재는 사람의 위치와 상태에 따라 달라질 수 있음을 밝혀낸 것이에요. 또 하나, 질량*과 에너지의 관계를 찾아 물체의 질량과 에너지 사이의 관계를 공식으로 만들기도 했습니다. [에너지=질량×빛의 속도의 제곱]이라는 식인데 들어 본 적이 있나요?

*질량: 중력의 영향을 받지 않은 물체 고유의 양.

🧑 **기자** 선생님의 이론이 핵폭탄 개발에 도움을 주었다고 하던데 사실인가요?

👴 **아인슈타인** 그렇습니다. 나는 미국 대통령에게 핵무기를 만들어야 한다고 제안했습니다. 내가 증명한 이 질량과 에너지의 관계식을 이용하면 가능한 일이었거든요. 핵무기는 폭발하면서 질량이 줄어드는데 그때 발생하는 에너지를 이용하여 만든 무기랍니다.

✏️ 짤막 상식 아인슈타인의 말, 말, 말

- 지혜는 학교에서 배우는 것이 아니라 평생 노력해 얻는 것이다.
- 나약한 태도는 성격도 나약하게 만든다.
- 우리는 아직 자연이 보여 준 모습의 10만분의 1도 모른다.
- 나는 똑똑한 것이 아니라, 단지 문제를 더 오래 연구할 뿐이다.
- 성공한 사람보다는 가치 있는 사람이 되어라.

특종 세계사 63 - 레닌

노동자와 농민의 정부를 만들자

러시아, 최초의 사회주의 국가 탄생

19세기의 러시아는 옛것과 새로운 것이 뒤섞여 매우 혼란스러웠다. 황제 정치를 유지하면서 유럽의 산업화와 시민 혁명 소식이 전해져 노동자들이 변화를 꿈꾸고 있었기 때문이다. 한편에서 지식인들은 사회주의 사상이 러시아의 어려움을 극복할 수 있는 열쇠라고 생각하였다.

심각한 경제난

러시아는 우리나라와 만주 지역의 지배권을 두고 1904년에 일본과 벌인 전투에서 지고 말았다. 러시아는 심각한 경제난에 빠졌다.

1905년, '피의 일요일 사건' 발생

1905년 1월 22일 일요일, 굶주리던 노동자와 가족들은 황제가 있는 궁전으로 향했다. 그들은 먹을 빵과 평화를 달라고 외쳤다. 하지만 궁전을 지키던 병사들의 총에 맞아 수백 명이 죽고 말았다.

1917년, 파업* 시작

제1차 세계 대전에 참여한 러시아의 형편은 점점 더 어려워졌다. 참다못한 노동자와 병사, 농민 들은 파업에 들어갔다. 파업에 참여한 사람은 10만 명이 넘었다.

1917년 3월, 황제는 물러나라!

파업에 참여한 사람들은 '소비에트'라는 의회를 만들어 도시 곳곳에서 혁명을 일으켰다. 이번에는 왕실의 병사들도 참여했다. 이 혁명으로 황제는 물러나고, '러시아 공화국 임시 정부'가 그 자리를 대신했다.

*파업(罷業): 하던 일을 멈춤.

레닌(소련)
(1870~1924년)

소련의 혁명가, 정치가.
소련 공산당을 창시하고,
소비에트 사회주의 공화국 연방 건설.

1917년 11월, 다시 일어난 혁명

임시 정부는 러시아 국민의 뜻과 달리 제1차 세계 대전에서 물러나지 않았다. 레닌은 즉각 전쟁을 중단하고 노동자와 농민이 주인인 새 나라를 세워야 한다고 주장했다. 레닌 세력은 국민의 지지를 받아 새 정부를 세웠다.

1922년, 소비에트 사회주의 공화국 연방(소련) 탄생

자본가들은 사회주의 사상을 퍼뜨리는 레닌 정부를 무너뜨리려고 했다. 레닌은 노동자, 농민의 지원을 받아 막아 냈다. 러시아를 안정시킨 레닌은 주변의 사회주의 국가와 연합하여 공화국 연방을 만들었다.

짤막 상식 자본주의 VS 사회주의

자본주의와 사회주의라는 말이 만들어진 배경과 그 뜻은 정확하게 밝혀지지 않았다. 대체로 자본주의는 개인이 자유롭게 경제 활동을 할 수 있는 사상, 사회주의는 공장이나 땅 등을 사회적으로 함께 가져 모든 사람이 똑같이 나누어 가지는 사상으로 공산주의의 의미로도 쓰인다. 사회주의는 모든 사람이 평등하게 사는 사회를 추구한다.

산업 혁명 이후, 자본주의의 문제점을 깨달은 일부 정치가들은 모두가 잘살기를 바라며 사회주의를 주장하였다. 하지만 노동자들이 열심히 생산하려는 의욕을 돋우지 못하여 사회 전체가 경제적으로 어려움에 처하게 되었다.

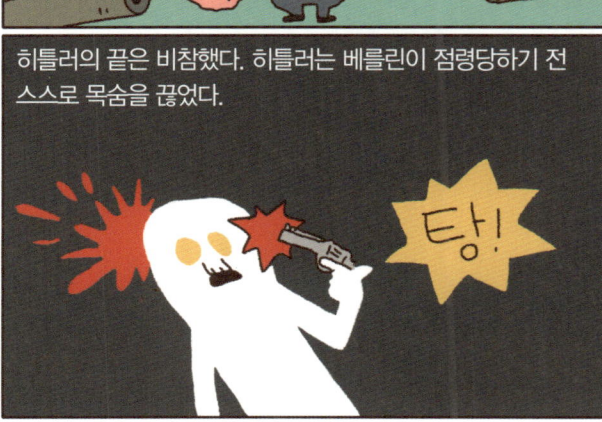

특종 세계사 65 - 루스벨트

네 번 연속 대통령이 된 지도자

✏️ 미국인이 존경하는 대통령, 루스벨트

네 번 연달아 대통령에 당선된 루스벨트는 죽은 후 링컨과 더불어 미국인이 가장 존경하는 대통령이 되었다. 그 이유는 무엇일까?

장애를 극복한 대통령

1921년, 촉망 받던 정치인 루스벨트에게 소아마비 증세가 나타났다. 주변에서는 루스벨트에게 정치를 그만두라고 권했지만 루스벨트는 꿈을 접지 않았다. 결국 꾸준히 치료를 받으며 대통령에 당선되었다.

육체적인 장애는 꿈을 이루는 데 아무 걸림돌이 되지 않았어요.

대공황의 위기를 돌파한 대통령

미국은 1929년에 주가가 폭락하고, 기업과 은행이 망하는 경제 위기가 일어났다. 이것을 '대공황'이라고 한다. 실업자 수가 경제 인구의 30%가 넘었다. 루스벨트는 경제 회복을 위해 '뉴딜 정책'을 실시했다. 산업을 발전시킬 여러 가지 법을 만들고, 일자리를 만들었다. 루스벨트의 과감한 정책 덕분에 미국은 대공황에서 서서히 벗어났다.

전쟁을 승리로 이끈 대통령

미국이 경제 문제 해결의 실마리를 잡았을 즈음, 나라 밖에서 더 복잡한 문제가 터졌다. 독일이 제2차 세계 대전을 일으킨 것이다. 루스벨트는 미국의 전쟁 참여를 이끌어 냈다. 결과는 미국이 포함된 연합군의 승리였다. 대통령이 된 후 수많은 어려움을 이겨 낸 루스벨트는 1945년에 전쟁이 끝나는 걸 보지 못하고 세상을 뜨고 말았다.

산전수전을 다 겪었어.

루스벨트 (미국)
(1882~1945년)

미국 제32대 대통령.
뉴딜 정책을 추진하여
미국의 대공황을 극복함.

짤막 상식 | 전쟁 때문에 더 강해진 미국

세계 대전으로 미국은 더 빨리 강대국이 될 수 있었다. 많은 미군이 전쟁터에서 희생되었지만 전쟁에 뛰어든 여러 나라에 돈을 빌려주어 경제적인 영향력이 커졌다. 전쟁에 필요한 물품을 팔아 돈을 벌기도 하였다. 전쟁 후에도 다른 나라를 지원하면서 미국은 순식간에 세계 최강국이 되었다.

세상에 이럴 수가 | 세계인을 충격에 빠트린 핵무기

1945년 8월, 미국은 일본을 빨리 항복시키기 위해 일본의 나가사키와 히로시마에 원자 폭탄을 떨어뜨렸다. 그 위력은 상상을 초월했다. 히로시마의 경우 도시 인구의 절반이 죽었고 시설물이 파괴되었다. 원자 폭탄은 전쟁을 빨리 끝내는 것 외에도 미국의 경쟁 국가인 소련에 군사력을 과시하려는 목적도 있었다. 1950년대 들어 소련도 원자 폭탄을 만드는 데 성공하면서 세계는 핵전쟁의 공포에 떨게 되었다.

특종 세계사 66 - 마오쩌둥

파란만장한 중국 통일

청나라가 멸망한 뒤 중국은 각각 다른 이념으로 중국 통일을 이루려는 국민당과 공산당이 충돌하였다. 최후 승자는 마오쩌둥이 이끄는 공산당이었다. 파란만장했던 중국 통일과 새 나라 건국 과정을 살펴보자.

중국 공산당에 가입한 마오쩌둥

소련에서 러시아 혁명이 성공한 후, 모두가 평등해지길 바라는 사회주의 이념이 세계로 퍼졌다. 1921년, 중국에도 공산당이 생겼다. 공산당은 레닌의 사회주의를 실현하려는 정치 집단이다. 공산당은 자본주의 국가를 주창하는 국민당과 손을 잡고 중국 각 지방의 군사 세력과 싸웠다.

공산당의 위기

국민당은 힘이 커진 공산당을 견제하기 시작하였다. 국민당의 탄압으로 공산당은 큰 타격을 받았다. 마오쩌둥은 간신히 살아남아 군사를 모았다. 그리고 나서 국민당을 상대로 기습 공격을 하며 싸워 나갔다.

머나먼 대장정

국민당은 중국 내에 뿌리내린 공산 세력을 완전히 없애기로 마음먹었다. 공산당은 국민당을 피해 중국 내륙 깊숙한 지역으로 옮겨 갔다. 마오쩌둥이 이끄는 8만 명의 군사들은 약 2년 동안 12,520km의 기나긴 행군을 떠났다. 성과도 있었다. 공산당 무리가 지나는 곳마다 당과 사회주의 이념을 알려 공산당을 지지하는 국민들이 많아졌다.

마오쩌둥(중국)
(1893~1976년)

중국의 정치가.
청나라가 멸망한 뒤 사회주의 국가인
중화 인민 공화국을 세움.

마침내 이룬 중국 통일

1930년대에 중국은 위기에 처했다. 일본이 중국을 차지하려고 만주 지역을 공격했기 때문이다. 국민당과 공산당은 다시 힘을 모아 나라의 어려움을 극복하기로 했다. 1945년, 일본이 제2차 세계 대전에서 져 중국의 나라 밖 위기는 끝이 났지만 국민당과 공산당은 다시 싸우기 시작하였다. 공산당은 농민들과 노동자들의 지지를 받아 전쟁에서 승리하였다. 마오쩌둥은 1949년 10월 천안문 광장에서 새 나라 '중화 인민 공화국'이 탄생하였음을 선언하였다. 국민당은 타이완으로 쫓겨 갔다.

특종 세계사 67 – 넬슨 만델라

자유를 향한 머나먼 여정

27년의 감옥 생활을 이겨 낸 흑인 인권 운동가

남아프리카 공화국은 적은 수의 백인이 흑인을 지배하는 나라였다. 인권 운동가였던 넬슨 만델라는 백인 정부의 흑인 차별 정책에 반대하고, 인종 차별을 없애기 위해 노력하였다.

흑인은 백인 마을에 들어오지 마라!

1948년, 남아프리카 연방의 정권을 잡은 국민당은 '아파르트헤이트'라고 하는 인종 차별 정책을 실시했다. 정부는 백인만 투표에 참여하게 하고, 흑인은 백인과 결혼하거나 접촉하는 것을 금지했다. 또 흑인은 정해진 마을에 살아야만 했고 흑인 아이는 백인 학교에 다닐 수 없었다.

넬슨 만델라(남아프리카 공화국)
(1918~2013년)
남아프리카 공화국 최초의 흑인 대통령.
흑인 차별 정책을 없애고
민주 선거를 이끌어 냄.

감옥에서 외친 '인종 차별 철폐!'

넬슨 만델라는 대학생 때 친구가 백인에게 모욕당하는 모습을 보고 인종 차별 문제에 관심을 가지기 시작하였다. 갈수록 차별 문제가 심각해지자 넬슨 만델라는 불복종 운동을 벌였고, 1955년에는 〈자유 헌장〉을 발표하였다. 남아프리카 공화국 정부는 1964년에 만델라를 잡아들여 평생 감옥에 가두는 벌을 내렸다. 1990년대에 들어 세계 여러 나라에서 넬슨 만델라를 감옥에서 풀어 달라는 움직임이 일었다. 넬슨 만델라는 감옥에 갇힌 지 27년 만에 풀려났다.

마침내 자유를 얻은 흑인들

감옥에서 나온 넬슨 만델라는 여전히 인종 차별 철폐를 주장했다. 넬슨 만델라가 계속해서 백인 정부와 협상을 한 결과 국민이 직접 투표하는 민주적인 선거가 이루어졌다. 마침내 남아프리카 공화국에서 아파르트헤이트는 사라졌고, 흑인들은 자유를 얻었다.

화제의 인물 | 미국의 인권 운동가 마틴 루서 킹

1955년, 백인만 앉을 수 있는 버스 좌석에 흑인이 앉아 자리를 비키지 않자 체포되는 사건이 있었다. 간디의 비폭력 저항에 깊은 감명을 받은 마틴 루서 킹은 대대적으로 버스 안 타기 운동을 이끌어 버스 자리 차별 법을 없애는 데 성공했다. 이 일은 미국 흑인들에게 용기를 주었고, 미국 전체에서 흑인 인권 운동이 일어났다. 마틴 루서 킹과 흑인들의 노력 덕분에 1970년대에 들어 미국 내에서 흑인 인권은 크게 향상되었다. 미국은 1월 셋째 주 월요일을 '마틴 루서 킹의 날'로 정하여 그의 정신을 되새기고 있다.

특종 세계사 68 – 비틀즈

영국 전설의 록 그룹

✏️ 비틀즈, 세계적인 그룹이 되다

라디오를 통해 퍼진 비틀즈의 노래

1960년 영국에서 네 명의 청년이 모여 만든 록 그룹 비틀즈는 첫 번째 앨범을 발표한 뒤 전 세계인이 열광하는 유명 그룹이 되었다. 그들은 영국과 유럽의 여러 도시에서 공연을 하며 실력을 키워 나갔다. 때마침 세계 곳곳에 퍼진 라디오와 레코드 음반은 비틀즈의 음악이 빠르게 퍼지는 데 도움을 주었다. 비틀즈는 활동했던 10여 년 동안 13장의 정규 앨범을 발표하였다.

비틀즈
영국 4인조 록 그룹.
전 세계 젊은이들의 사랑을
받았지만 1970년에 해체됨.

영국을 빛낸 대중음악가

비틀즈의 노래는 영어를 쓰지 않는 나라에서도 큰 인기를 끌었는데, 음악적으로도 훌륭했지만 곡에 사랑과 평화를 바라는 마음과 사회 문제를 고발하는 메시지가 담겨 있었기 때문이다. 비틀즈는 1965년에 영국 왕실로부터 나라를 빛낸 인물에게 주는 훈장을 받았다. 고전 음악만을 최고로 치던 유럽 사회에서 대중음악이 예술적으로 우수하다는 사실을 인정받은 셈이었다. 비틀즈의 히트곡 〈Let it be(렛 잇 비)〉, 〈Yesterday(예스터데이)〉, 〈Imagine(이매진)〉 등은 비틀즈가 해체되고 한참 뒤인 지금도 꾸준히 사랑 받고 있다.

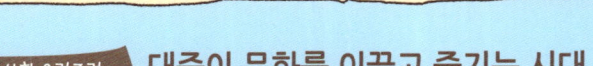

대중이 문화를 이끌고 즐기는 시대

옛날, 음악과 미술 등을 만들고 누리는 사람들은 경제적으로 여유로운 귀족들이었다. 그러나 20세기에 들어서는 일반인들도 문화생활을 누릴 수 있게 되었다. 공장에서는 기계가 물건을 만들고, 사람들은 자유로운 경제 활동을 하며 생활에 여유가 생겼기 때문이다. 이들은 학교에서 교육을 받고, 텔레비전, 라디오, 신문 등을 보며 비슷한 문화를 만들어 냈다. 이렇게 대다수의 사람들이 비슷하게 누리는 생활 문화를 '대중문화'라고 한다. 라디오, 텔레비전, 인쇄기, 영사기* 등은 대중문화가 성장하는 데에 큰 영향을 주었다.

*영사기: 필름에 빛을 쬐어 큰 화면에 나타나게 하는 장치.

소련이 갈라지다

특종 세계사 69 - 고르바초프

✏️ 사회주의 대국 소련이 사라지다

소련은 사회주의를 따르는 여러 개의 나라가 모여 이룬 공동체였다.
그러다가 고르바초프의 개혁으로 큰 변화를 맞았다.

점점 문제가 많아진 사회주의

레닌이 꿈꾸던 사회주의 국가는 수십 년이 지나 다른 결과를 낳았다. 공산당이 권력을 독차지하고 나랏일을 결정하던 공산당 지도자들이 비리를 일삼았다. 경제 사정도 나빠졌다. 사람들은 생활에 꼭 필요한 물건도 얻지 못하는 형편이 되었다.

동유럽에 몰아친 민주주의 바람

1985년, 고르바초프는 개혁을 시도하였다. 자본주의 경제의 원리를 조금씩 받아들이고, 민주주의 선거 방식에도 관심을 가졌다. 또 고르바초프는 소련이 더 이상 동유럽 국가에 정치적으로 간섭하지 않겠다고 선언했다. 경제적 어려움에 허덕이던 동유럽의 나라도 앞다투어 민주화 운동이 일어나 사회주의 정권이 무너졌다.

70년 만에 사라진 소련

민주주의를 요구하던 동유럽의 나라들은 러시아를 등지기 시작하였다. 결국 1922년에 만들어진 소비에트 사회주의 공화국 연방은 약 70년 만인 1991년에 해체되었다. 고르바초프의 개혁은 전 세계에 화해의 바람이 불게 했지만, 정책 실행을 서두르는 바람에 나라가 혼란에 빠졌다. 소련의 공산당은 해체되었고, 고르바초프는 대통령직에서 물러났다.

고르바초프 (러시아)
(1931~현재)

러시아의 정치가.
변질된 소련의 사회주의를 뒤엎고,
소련 최초의 대통령이 됨.

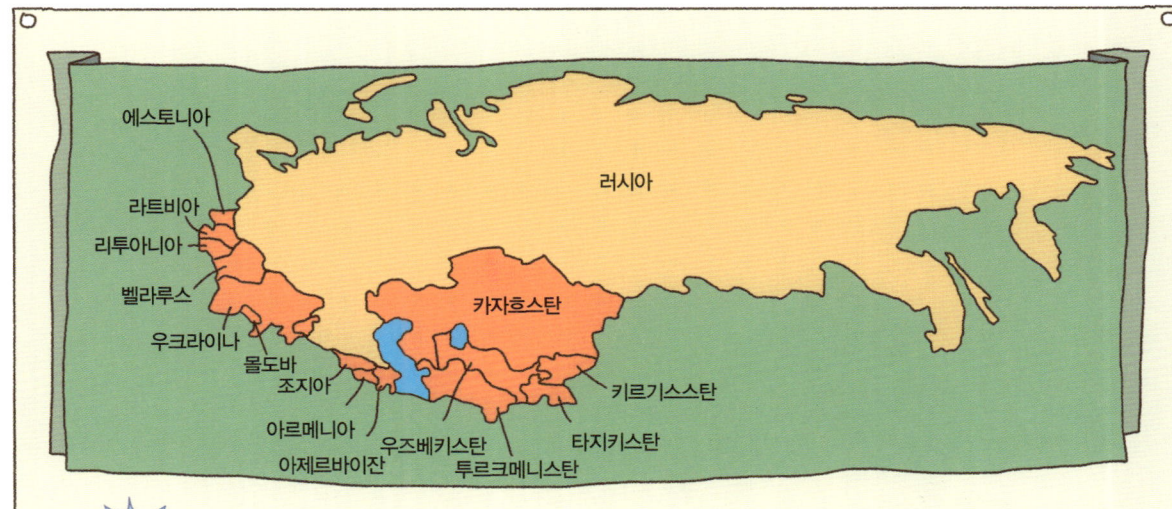

특종 소련의 붕괴, 그 결과는?

- 소련의 중심 국가였던 러시아는 붕괴 후에도 강대국 자리를 지켰다.
- 러시아, 에스토니아, 라트비아, 리투아니아를 제외한 11개 나라는 1991년에 독립 국가 연합(CIS)을 만들었다.
- 지금은 조지아가 독립 국가 연합에서 빠져 10개 회원국만 남아 있다.

국제 정세 냉전의 시대는 이제 안녕!

1945년에 제2차 세계 대전이 끝나고 세계 여러 나라는 미국과 소련을 중심으로 편을 가르기 시작했다.
총과 칼을 겨누는 전쟁은 아니었지만 정치·경제·외교적으로 상대방을 감시하고 방해하며 싸운 것이다. 이 상태를 '냉전'이라고 한다. 30년 넘게 유지된 냉전 시대는 고르바초프의 개혁으로 서서히 무너졌다. 그 덕분에 1990년에 독일이 통일을 이루었고, 미국과 소련은 가지고 있던 핵무기를 줄여 나갈 것을 약속했다.

특종 세계사 70 – 스티브 잡스

항상 갈망하라, 항상 무모하라!

도전 정신으로 새 세상을 연 개척자

먼 미래를 내다본 스티브 잡스

1955년, 미국에서 태어난 스티브 잡스는 샌프란시스코에 있는 산업 단지 주변 마을에서 살았다. 스티브 잡스는 어린 시절부터 전자 기기에 관심이 많았다. 커서는 게임 회사에 취직하여 컴퓨터 게임을 만들었다. 남다른 아이디어가 많은 스티브 잡스는 컴퓨터의 놀라운 능력을 알아보고, 미래에는 개인용 컴퓨터를 사용하는 시대가 올 것이라고 생각하였다.

스티브 잡스는 알고 지내던 전자 엔지니어와 '애플'이라는 회사를 설립하였다. 지금 애플은 세계적인 기업이 되었다.

최초의 매킨토시

애플 Ⅱ

애플 Ⅰ

ⓒ제주 넥슨컴퓨터박물관

스티브 잡스(미국)
(1955~2011년)

미국 기업가이자 혁신가. 애플사를 세우고, 아이팟, 아이폰 등 혁신적인 기기를 만듦.

시련을 딛고 더 큰 성공을 거두다

스티브 잡스는 1985년에 대통령이 주는 국가 기술 훈장을 받았지만, 같은 해에 회사에서 쫓겨나는 신세가 되었다. 성공적인 판매 성과를 거둔 애플 컴퓨터가 소프트웨어의 부족으로 금방 소비자들의 불만을 샀기 때문이었다. 스티브 잡스는 새로운 회사를 차리고, 기존 컴퓨터 시스템과 다른 사용자 중심의 컴퓨터 시스템을 개발하였다. 애플을 떠난 지 13년 만에 다시 대표로 돌아온 스티브 잡스는 아이튠즈, 아이팟 등을 개발하며 세상을 바꾸는 인물이 되었다.

스마트폰 시대를 열다

스티브 잡스는 새로운 영역에 도전하였다. 휴대 전화에 컴퓨터의 기능을 담기로 한 것이다. 2007년에 처음 출시한 애플의 '아이폰'은 통화와 음악 듣기, 동영상 시청, 인터넷 접속이 가능한 첨단 기기였다. 세계인들은 아이폰을 사기 위해 가게 앞에서 밤을 새우는 일도 서슴지 않았다. 이후로도 스티브 잡스는 죽을 때까지 혁신적인 제품을 선보이며 전 세계에 큰 변화를 가져왔다.

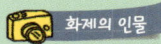

위대한 나눔을 실천한 팀 버너스리

우리가 사용하는 인터넷 시스템 'WWW(월드 와이드 웹)'을 만든 사람은 영국의 과학자 팀 버너스리였다. 그는 자신이 만든 기술로 어마어마한 돈을 벌 수 있었다. 하지만 부자가 되는 것보다 전 세계인이 편리하게 인터넷을 쓰는 것이 더 가치 있다고 생각하여 인터넷 시스템을 무료로 쓸 수 있게 하였다. 영국 정부는 그에게 '위대한 영국인 상'을 주었다.

특별 부록 1 특종! 세계사 주요 사건 50

- **기원전 3500년경** 메소포타미아 문명이 시작됨.
- **기원전 753년** 로마가 세워짐.
- **기원전 6세기경** 불교가 창시됨.
- **기원전 492년** 페르시아와 그리스 국가들 사이에 페르시아 전쟁이 일어남.
- **기원전 330년** 알렉산드로스가 아케메네스 왕조 페르시아를 멸망시킴.
- **기원전 221년** 진나라가 중국 최초로 통일을 이룸.
- **기원전 202년** 한나라가 세워짐.
- **기원전 4년경** 예수가 탄생함.
- **313년** 로마의 콘스탄티누스 대제가 크리스트교를 공식 종교로 인정함.
- **4세기경** 유럽의 북쪽에 있던 게르만족이 남쪽으로 내려옴.
- **476년** 서로마가 멸망함.
- **486년** 프랑크 왕국이 세워짐.
- **589년** 수나라가 흩어져 있던 중국을 통일함.
- **7세기 초** 이슬람교가 창시됨.
- **645년** 일본이 중국, 우리나라의 영향을 받아 개혁을 추진함.
- **800년** 카롤루스 대제가 프랑크 왕국과 서로마 황제를 겸함.
- **962년** 신성 로마 제국 탄생.
- **1037년** 셀주크 튀르크 제국이 세워짐.
- **1077년** 카노사의 굴욕.
- **1096~1270년** 십자군 전쟁이 일어남.
- **1206년** 칭기즈 칸이 부족을 통합해 몽골을 세움.
- **1299년** 마르코 폴로가 《동방견문록》을 펴냄.

1321년 단테가 《신곡》을 완성함.

1337~1453년 영국과 프랑스가 100년 동안 싸움.

1336년 일본에서 무로마치 막부가 세워짐.

1368년 중국에 명나라가 세워짐.

1405~1433년 중국의 정화가 대항해를 함.

1450년경 구텐베르크가 활판 인쇄술을 발명함.

1453년 동로마가 멸망함.

14세기경 르네상스가 시작됨.

1492년 콜럼버스가 신대륙(아메리카)을 발견함.

1517년 루터가 종교 개혁을 주장함.

1543년 코페르니쿠스가 지동설을 발표함.

1588년 영국의 엘리자베스 1세가 스페인의 무적함대를 격파함.

1987년 미국과 소련이 핵무기를 줄이자고 약속함.

1990년 독일이 통일됨.

1991년 소련이 해체됨.

1947년 인도가 영국으로부터 독립함.

1590년 도요토미 히데요시가 일본을 통일함.

1939~1945년 제2차 세계 대전이 일어남.

1616년 후금(청나라)이 세워짐.

1929년 세계 경제 대공항이 발생함.

1642~1688년 영국에서 시민 혁명이 일어남.

1917년 러시아에서 사회주의 혁명이 일어남.

1748년 몽테스키외가 삼권 분립을 주장함.

1914~1918년 제1차 세계 대전이 일어남.

1765년 와트식 증기 기관이 발명되어 산업 혁명이 일어남.

1776년 미국이 영국으로부터 독립함.

1789년 프랑스 시민 혁명이 일어남.

1861~1865년 미국에서 남북 전쟁이 일어남.

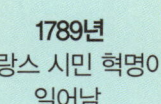

특별 부록 2
도전! 세계사 왕 평가 문제

01 다음 이집트인의 말을 읽고, ○ 안에 들어갈 알맞은 말을 쓰세요.

> 이집트의 자랑 ○○○○에 오신 것을 환영합니다. 파라오의 무덤이었던 이것은 강력한 왕권을 바탕으로 만들어진 문화유산입니다. 입구에는 스핑크스가 무덤을 지키고 있어요.

✏️ _____

02 중국의 정치가 주공에 대한 설명으로 바른 것은 어느 것입니까?

① 유교를 만들었다.
② 주나라를 세운 중국의 왕이다.
③ 중국에서 처음으로 나라를 통일하였다.
④ 주나라의 제도를 만들어 나라의 발전을 이끌었다.

03 다음은 누구에 대한 설명일까요? 해당하는 인물 딱지를 놓아 보세요.

> 6년 동안 인도의 곳곳을 돌아다니며 수행을 하다가 보리수 아래에서 깨달음을 얻었다. 그는 자비의 마음가짐을 사람들에게 들려주었는데, '자'는 모두가 평등함을, '비'는 남의 괴로움을 자기의 것처럼 안타깝게 여기는 마음이다.

04 다음을 읽고, 맞으면 ○표, 틀리면 ×표 하세요.

1) 공자가 강조한 '인'은 자연을 본받는 생활이다.
2) 다리우스 1세는 고대 아케메네스 왕조 페르시아의 전성기를 이끌었다.
3) 페르시아 전쟁에서 아테네는 지고 말았다.

✏️ 1) _____ 2) _____ 3) _____

05 다음은 무엇에 대한 설명인지 쓰세요.

> 그리스에 세워진 아테네는 국민이 국가의 일에 직접 참여하는 새로운 정치 제도를 만들었다. 실제로 정치에 참여한 사람들은 여성과 노예를 뺀 성인 남자들뿐이었지만, 이 제도는 아테네가 발전하는 데 큰 힘이 되었다.

✏️ _____

06 그리스의 학자들의 이름과 한 일을 바르게 줄로 이어 보세요.

① 아르키메데스 •   • ㉠ 평생 의학을 연구하였다.

② 소크라테스 •   • ㉡ 아테네 청년들에게 생각을 통해 깨달음을 얻는 법을 가르쳤다.

③ 히포크라테스 •   • ㉢ 부력의 원리를 발견했다.

07 다음 지도와 같이 마케도니아의 영토를 넓힌 왕은 누구입니까?

① 시황제   ② 알렉산드로스
③ 페리클레스   ④ 칭기즈 칸

이름

08 시황제가 세운 중국 진나라에 대하여 바르게 설명한 것은 어느 것입니까?

① 제자백가가 처음 출현하였다.
② 중국을 처음으로 통일하였다.
③ 역사상 가장 넓은 땅을 가진 나라였다.
④ 공자가 주장한 인과 예를 본받은 정치 제도를 만들었다.

09 다음을 읽고, 틀린 부분을 바르게 고쳐 쓰세요.

기원전 200년대 카르타고라는 나라에 한니발이 있었다. 그는 무적의 코뿔소 부대를 이끌고 전쟁터에 나아가 이탈리아 북부 지역을 차지했다.

✎ 코뿔소 →

10 누구와 누구의 대화일까요? 해당하는 인물 딱지를 놓아 보세요.

몰락한 초나라의 귀족 출신인 나는 진나라의 반란군을 진압했지만 결국 중국을 통일하지 못했어요.

이래서 전쟁은 끝나 봐야 아는 법! 인재의 말에 귀를 기울였더니 중국을 통일할 수 있었어요.

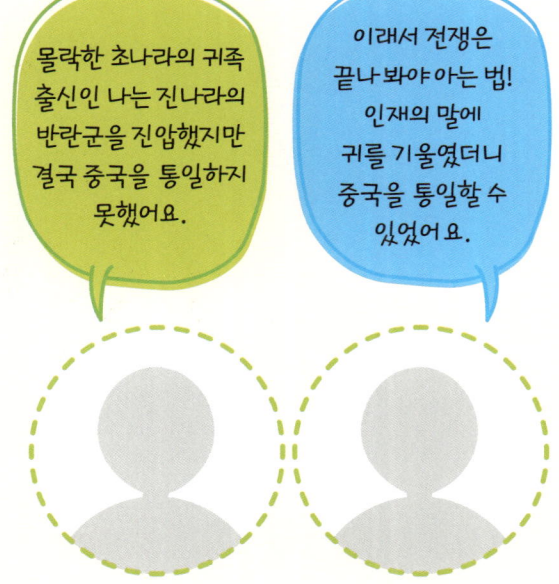

11 중국 한나라의 사마천이 쓴 역사책은 어느 것입니까?

①《사기》
②《신곡》
③《법의 정신》
④《로미오와 줄리엣》

12 다음을 읽고, ○ 안에 들어갈 알맞은 말을 쓰세요.

기원전 139년, 중국의 관리 장건이 서쪽 지역을 다녀간 여행길은 후에 동양과 서양의 물건을 교류하는 통로가 되었다. 이 길로 중국의 비단이 서역으로 많이 팔려 나가 ○○○(이)라고 한다.

✎

13 다음 설명이 맞으면 ○표, 틀리면 ×표 하세요.

1) 카이사르는 옥타비아누스를 미워했다.
2) 옥타비아누스는 로마에서 처음으로 황제가 되었다.

✎ 1)　　　　　　　2)

14 다음을 읽고, 표시된 초성이 나타내는 인물의 이름을 쓰세요.

2세기 말, 한나라의 힘이 약해진 중국은 위, 촉, 오, 세 나라가 서로 힘을 겨루고 있었다. 1) ㅈㅈ는 중국의 북쪽에서 세력을 잡았고, 한나라의 왕족이었던 2) ㅇㅂ는 황건족을 토벌하고, 중국 서쪽 지방에 촉 나라를 세웠다. 3) ㅅㄱ은 오나라를 세웠다.

✎ 1)
2)
3)

151

15 인물과 창시한 종교를 바르게 줄로 이으세요.

① 예수 •   • ㉠ 이슬람교

② 무함마드 •   • ㉡ 불교

③ 석가모니 •   • ㉢ 크리스트교

16 로마의 전성기에 대한 설명으로 바르지 못한 것은 어느 것입니까?

① '모든 길은 로마로 통한다.'라는 말이 생겼다.
② 포에니 전쟁에서 진 뒤 나라의 힘이 약해졌다.
③ 유럽 대부분과 북아프리카, 서아시아까지 로마의 땅이 되었다.
④ 네르바 황제 때부터 아우렐리우스 황제 때까지는 정치적으로 매우 평화로웠다.

17 다음을 읽고, 맞으면 ○표, 틀리면 ×표 하세요.

1) 3세기 무렵, 사산 왕조 페르시아는 로마의 황제 고르디아누스 3세의 침략을 잘 막아 내지 못했다.
2) 사산 왕조 페르시아는 유럽과 아시아의 길목에 있어 무역이 발달하였다.

✏ 1) _____ 2) _____

18 다음 글에서 틀린 것은 어느 것입니까?

인도는 ①인더스 강, 갠지스 강이 있어 ②오래 옛날부터 문명이 발달한 나라였다. ③크리스트교가 처음 만들어졌고, 처음으로 ④숫자 '0'을 사용하였다.

19 크리스트교의 성자 아우구스티누스에 대해 바르게 설명한 것은 어느 것입니까?

① 크리스트교를 믿지 말자고 주장했다.
②《고백록》,《신국론》등을 남겼다.
③ 어렸을 때부터 부모님의 말씀을 잘 들었다.
④ 후손들은 이제 아우구스티누스를 존경하지 않는다.

20 일본이 발전한 과정에 맞게 기호를 나열하세요.

㉠ '조몬 문화'라고 부르는 신석기 문화가 발전하였다.
㉡ 우리나라에서 철 만드는 기술과 벼농사 기술을 배웠다. 이때를 '야요이 시대'라고 한다.
㉢ 국왕 중심의 정치가 이루어졌다.

✏ _____ → _____ → _____

21 서로마가 멸망했던 때의 상황을 바르게 설명한 것은 어느 것입니까?

① 동로마가 멸망하였다.
② 이슬람 세력이 침략하였다.
③ 훈족의 이동에 밀려 게르만족이 넘어왔다.
④ 하나였던 프랑크 왕국이 여러 개로 흩어졌다.

22 다음을 읽고, 누구의 업적인지 해당하는 인물 딱지를 놓아 보세요.

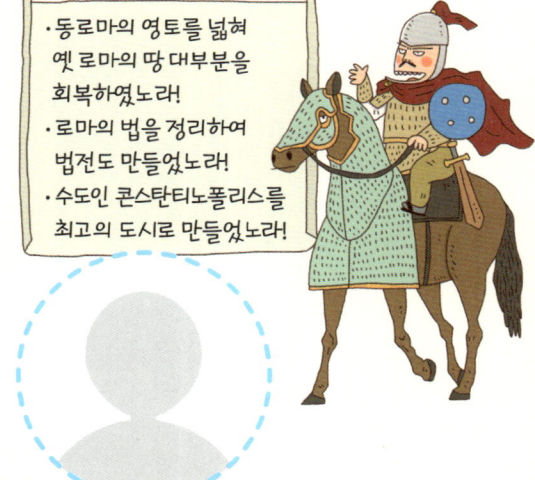

• 동로마의 영토를 넓혀 옛 로마의 땅 대부분을 회복하였노라!
• 로마의 법을 정리하여 법전도 만들었노라!
• 수도인 콘스탄티노폴리스를 최고의 도시로 만들었노라!

23 다음을 읽고, 맞으면 ○표, 틀리면 ×표 하세요.

1) 이슬람교가 만들어졌을 당시 귀족들은 싫어하였다.
2) 무함마드가 신자를 이끌고 메카에서 메디나로 떠난 일을 '아주 성스러운'이라는 뜻의 '헤지라'라고 한다.
3) 이슬람교는 오늘날 사람들은 믿지 않는 종교이다.

✏ 1) _____ 2) _____ 3) _____

24 중국의 당나라와 관계있는 사실은 어느 것입니까?

① 만리장성을 쌓았다.
② 문화는 발달하지 못했다.
③ 당 태종은 경제력과 군사력을 동시에 키웠다.
④ 우리나라 백제와 손을 잡고 고구려를 공격하였다.

25 다음에서 카롤루스 대제가 한 일을 모두 고른 것은 어느 것입니까?

> ㉠ 영토를 넓혔다.
> ㉡ 동로마를 무너뜨렸다.
> ㉢ 학문을 권장하고 문화를 발전시켰다.

① ㉠
② ㉡
③ ㉠, ㉡
④ ㉠, ㉢

26 그레고리우스 7세와 하인리히 4세의 갈등 때문에 일어난 사건은 무엇입니까?

① 임진왜란
② 십자군 전쟁
③ 카노사의 굴욕
④ 몽골의 중국 통일

27 다음 지도와 말을 보고, 해당하는 인물 딱지를 놓아 보세요.

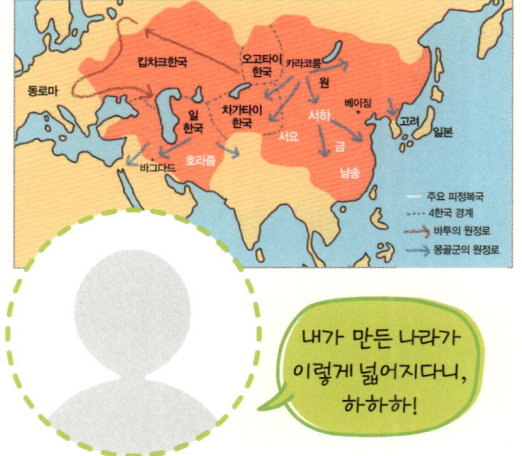

내가 만든 나라가 이렇게 넓어지다니, 하하하!

28 다음 인물과 인물이 한 일을 바르게 짝지은 것은 어느 것입니까?

① 메흐메트 2세 – 입체적인 느낌의 그림을 그렸다.
② 마르코 폴로 – 동로마의 수도였던 콘스탄티노플리스를 정복하였다.
③ 이븐바투타 – 성지 순례 여행을 떠났다가 30년간 여행을 하였다.
④ 조토 디본도네 – 17년 동안 중국을 여행하고 《동방견문록》을 썼다.

29 14세기에 유행하여 유럽 인구의 30% 이상을 죽게 만들었던 사건은 어느 것입니까?

① 흑사병 유행
② 십자군 전쟁
③ 신항로 개척
④ 로마의 멸망

30 다음은 1400년대에 중국에서 활동한 인물과 나눈 인터뷰입니다. ▨ 안에 들어갈 인물의 이름을 쓰세요.

> 기자: 대장님은 왜 탐험을 떠나신 겁니까?
>
> ▨ : 명나라의 황제 폐하께서 내게 큰 배와 사람을 주시고, 주변 나라를 돌아보게 하셨습니다.
>
> 기자: 어디까지 다녀오셨나요?
>
> ▨ : 1차 항해 때에는 인도양까지 갔다 왔어요. 이후 몇 차례 더 원정을 떠나 아라비아와 아프리카 동부까지 가 보았지요.
>
> 기자: 정말 대단합니다. 그럴 수 있었던 비결이 있나요?
>
> ▨ : 네, 명나라의 배 만드는 기술은 세계 최고 수준이었습니다. 규모도 컸지요. 또 나침반이 있어 방향을 알 수 있었답니다.

153

31 구텐베르크의 활판 인쇄술로 달라진 사회 모습을 바르게 설명한 것은 어느 것입니까?

① 책값이 더 비싸졌다.
② 많은 사람들이 성경책을 읽을 수 있게 되었다.
③ 우리나라에서도 금속 활자를 만들 수 있게 되었다.
④ 인쇄 기계는 금속 활자가 만들어진 것보다 훨씬 뒤인 200년 후에 만들어졌다.

32 아래 그림의 인물이 한 일은 무엇입니까?

① 거대한 몽골을 세웠다.
② 아메리카 대륙을 발견하였다.
③ 처음으로 세계 일주를 하였다.
④ 우리나라에 처음으로 온 외국인이다.

33 아메리카에 유럽 사람들이 들어온 뒤 달라진 점으로 틀린 것은 어느 것입니까?

① 오래전부터 있었던 잉카 문명이 망가졌다.
② 유럽에서 들어온 전염병으로 많은 사람들이 죽었다.
③ 유럽 사람들은 광산에서 원주민을 노예처럼 부렸다.
④ 유럽인들이 오기 전부터 신대륙 사람들은 형편이 어려웠다.

34 지구가 우주의 중심이라고 생각하던 시대에 다음과 같은 주장을 한 인물을 두 명 고르세요.

〈지동설〉
지구가 우주의 중심이 아니라, 지구가 태양을 중심으로 움직인다고 주장함.

① 교황 ② 갈릴레이
③ 크롬웰 ④ 코페르니쿠스

35 천재 미술가 미켈란젤로의 작품이 아닌 것은 어느 것입니까?

① 다비드 ② 피에타

③ 모나리자 ④ 천지 창조

36 루터가 95개조 반박문을 발표한 이유는 무엇입니까?

① 당시의 예술 작품이 무척 형편없기 때문에
② 사람들이 교회를 믿지 않으려고 했기 때문에
③ 교회에서 면벌부를 판매했기 때문에
④ 유럽 사람들이 아프리카 흑인 노예들을 괴롭혔기 때문에

37 영국의 대표 작가 셰익스피어의 작품 중 다음과 같은 유명한 말이 나오는 책은 무엇입니까?

"사느냐 죽느냐, 그것이 문제로다."

① 《햄릿》
② 《오셀로》
③ 《베니스의 상인》
④ 《로미오와 줄리엣》

㊳ 일본에서 여러 개로 흩어져 있던 나라를 하나로 통일하고, 조선을 침략한 인물은 누구입니까?

① 쇼토쿠 태자
② 오다 노부나가
③ 도요토미 히데요시
④ 도쿠가와 이에야스

㊴ 크롬웰에 대한 설명으로 바른 것은 어느 것입니까?

① 스페인의 무적함대를 무찔렀다.
② 영국의 청교도 혁명을 이끌었다.
③ 미국이 독립할 수 있도록 앞장섰다.
④ 프랑스의 바스티유 감옥을 쳐들어갔다.

㊵ 유럽에서 강력한 권력을 행사하며 전성기를 누렸던 유럽 왕과 나라를 바르게 줄로 이으세요.

① 표트르 대제 •   • ㉠ 프랑스

② 엘리자베스 1세 •   • ㉡ 영국

③ 루이 14세 •   • ㉢ 러시아

㊶ 루이 14세가 강력한 권위를 보여 주기 위하여 지은 궁전의 이름을 쓰세요.

㊷ 러시아를 유럽의 나라들처럼 강하게 만들기 위해 표트르 대제가 한 일을 **두 개** 고르세요.

① 매일매일 파티를 열었다.
② 시베리아 횡단 철도를 지었다.
③ 낡은 관습을 버리게 하였다.
④ 공장을 세우고, 일류 기술자를 데려오게 하였다.

㊸ 다음을 읽고, 빨간색으로 표시된 낱말이 맞으면 ○표, 틀리면 ×표 하세요.

> 1) 17세기는 과학 혁명의 시대였다. 사람들은 수많은 현상들이 신의 뜻이라고 생각하던 것에서 과학적인 이유를 밝혀내 이해하기 시작하였다.
> 2) 아이작 뉴턴은 나무에서 사과가 아래로 떨어지는 것을 보고, 중력을 발견하였다. 그 외에도 뉴턴은 3) '최초의 잠수정'을 발명하였다.

1) _____ 2) _____ 3) _____

㊹ 다음은 강력한 왕권을 바탕으로 전성기를 이끈 인물들입니다. 해당하는 인물 딱지를 놓아 보세요.

> 강한 군사력으로 작은 프로이센을 유럽의 강대국으로 만든 계몽 군주라오.

> 오랜 기간 청나라를 다스리며 강대국으로 만들었소. 나는 검소하고 부지런하다오.

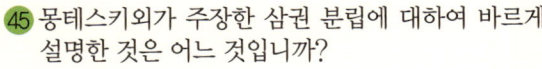

㊺ 몽테스키외가 주장한 삼권 분립에 대하여 바르게 설명한 것은 어느 것입니까?

① 국민이 직접 법을 만들자!
② 법원의 결정에 정부가 간섭하지 말자!
③ 나라의 대표는 국민이 투표로 선출하자!
④ 국가의 권력을 행정부, 입법부, 사법부로 나누자!

㊻ 다음 설명을 읽고, ☐ 안에 들어갈 말을 아래에 쓰세요.

> 17~18세기, 유럽에서는 인간의 생각하는 능력을 중요하게 여기는 지식 운동이 일어났는데, 이 흐름의 바탕이 된 사상을 ☐(이)라고 한다. 이 사상을 주장하는 사람들은 미신을 멀리하고, 공부를 게을리하지 않으며, 불합리한 제도와 전통을 바로잡아야 한다고 주장하였다. 대표적인 인물로, 몽테스키외, 볼테르, 루소 등이 있다.

✏ _____

㊼ 다음과 같은 변화를 가져온 사건은 무엇입니까?

> 이 사건은 유럽과 세계를 산업 사회로 만들었다. 옷감을 만드는 산업이 발달했던 영국에서는 기계로 실을 꼬거나, 옷감을 만들었고, 석탄을 때어 달리는 기관차를 발명하기도 하였다.

① 삼권 분립
② 새로운 종교의 등장
③ 와트식 증기 기관 발명
④ 베토벤이 〈운명 교향곡〉 작곡

㊽ 미국 최초의 대통령은 누구입니까?

① 베토벤
② 세종 대왕
③ 조지 워싱턴
④ 에이브러햄 링컨

㊾ 프랑스 혁명 당시 발표한 '인권 선언문'의 주요 내용은 무엇입니까?

① 프랑스는 영국으로부터 독립한다.
② 프랑스 국민들은 더 이상 반란을 일으키지 않는다.
③ 인간은 누구나 태어나면서부터 자유와 평등의 권리를 가진다.
④ 프랑스는 앞으로 핵무기 같은 위험한 무기를 만들지 않는다.

㊿ 다음은 누구의 말일까요? 해당하는 인물 딱지를 놓아 보세요.

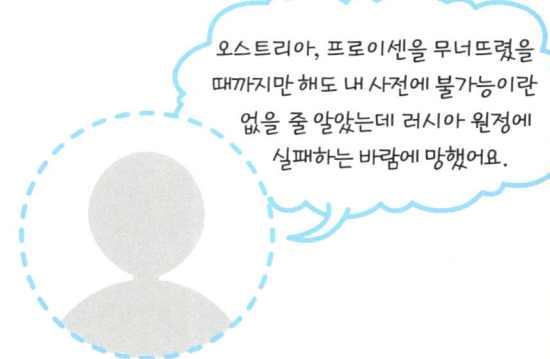

> 오스트리아, 프로이센을 무너뜨렸을 때까지만 해도 내 사전에 불가능이란 없을 줄 알았는데 러시아 원정에 실패하는 바람에 망했어요.

51 다음은 어느 지역의 독립에 대한 설명인지 아래 지도의 초성을 보고 골라 쓰세요.

> • 스페인의 지배를 받았던 이곳은 프랑스 혁명을 보고 자극을 받아 독립 운동을 추진하였다.
> • 산마르틴, 이달고, 볼리바르 등이 활약하였다.
> • 이 지역에서 최초로 유럽으로부터 독립한 곳은 섬나라 아이티였다.

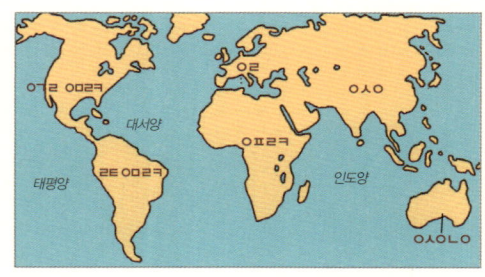

✏ _____

52 미국에서 북부와 남부 지역이 서로 전쟁을 일으킨 까닭은 무엇입니까?

① 백인들이 원주민을 괴롭혔다.
② 원수의 집안에서 총각과 처녀가 사랑에 빠졌다.
③ 가운데에 선을 긋고 이웃 지역 사람들이 넘어오지 못하게 하였다.
④ 노예를 해방시킬 것인가, 말 것인가를 두고 주장이 엇갈렸다.

53 다음 작품을 그린 화가는 누구입니까?

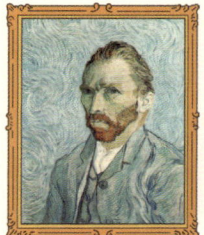

① 고흐
② 모네
③ 폴 세잔
④ 르누아르

54 세계 역사에 큰 영향을 준 인물의 이름과 업적을 바르게 줄로 이으세요.

① 간디 •　　　　• ㉠ 상대성 이론 같은 물리학 이론을 발표하였다.

② 다윈 •　　　　• ㉡ 폭력 없는 독립 운동을 펼쳤다.

③ 아인슈타인 •　　• ㉢ 생물이 오랜 세월에 걸쳐 진화하였다고 주장하였다.

55 다음 설명에서 틀린 곳을 바르게 고쳐 써 보세요.

1) 러시아는 1904년에 있었던 (미국)과의 전투에서 져 경제적으로 매우 어려웠다.
2) 1905년 1월 22일, 러시아 노동자들은 황제가 사는 궁전으로 찾아가 먹을 것을 달라고 외쳤다. 이 일을 (피의 월요일) 사건이라고 한다.
3) 레닌은 노동자가 주인인 나라가 되어야 한다고 주장하며 (민주주의) 정부를 세웠다.

✎ 1) 미국 →
2) 피의 월요일 →
3) 민주주의 →

56 다음은 누구에 대한 설명일까요? 해당하는 인물 딱지를 놓아 보세요.

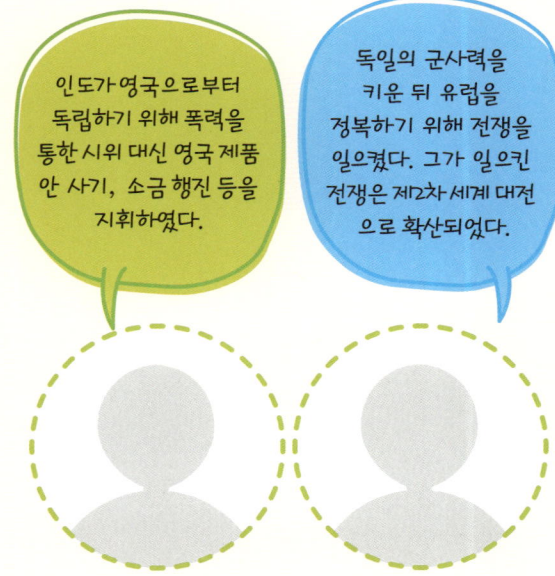

57 다음 설명과 관계있는 인물은 누구입니까?

1929년, 미국은 갑작스럽게 주가가 떨어지고, 회사가 망해 사람들이 일자리를 잃었다. 이 인물은 경제를 되살리기 위해 '뉴딜 정책'을 실시했고, 미국은 경제 대공황에서 벗어날 수 있었다.

① 히틀러
② 루스벨트
③ 마오쩌둥
④ 고르바초프

58 제2차 세계 대전과 관계없는 설명은 어느 것입니까?

① 핵무기가 이용되었다.
② 우리나라가 일본의 식민지가 되었다.
③ 전쟁이 끝난 뒤 평화 유지를 약속하였다.
④ 미국, 영국 등이 포함된 연합군이 승리하였다.

157

59 다음은 중국 어느 인물의 일생을 정리한 표입니다. 해당하는 인물 딱지를 놓아 보세요.

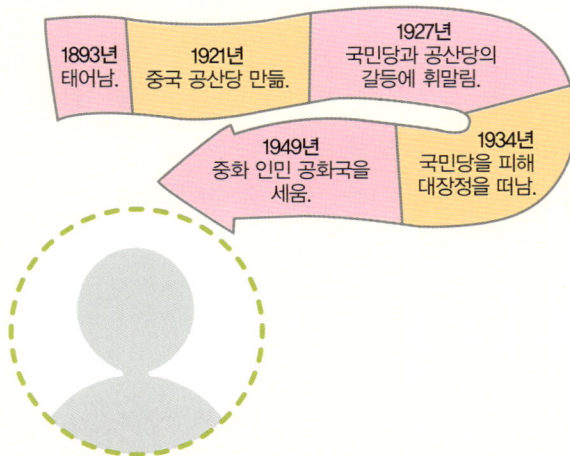

60 남아프리카 공화국에서 다음과 같은 흑인 차별 정책을 극복한 과정으로 바른 것은 어느 것입니까?

① 레닌은 사회주의 정부를 세웠다.
② 마틴 루서 킹은 흑인을 모두 나라 밖으로 몰아냈다.
③ 넬슨 만델라는 〈자유 헌장〉을 발표하는 등 저항 운동을 벌였다.
④ 비틀즈는 사랑과 평화를 노랫말에 담은 곡을 만들어 전 세계에 퍼뜨렸다.

61 다음은 무엇에 대한 설명인지 ▨ 안에 들어갈 말을 쓰세요.

> 옛날에는 일부 귀족들만 음악과 미술 등의 문화생활을 즐길 수 있었지만 20세기에는 라디오, 텔레비전, 영사기 등이 있어 많은 사람들이 같은 문화를 만들고 감상할 수 있게 되었다. 이렇게 많은 사람들이 함께 즐기는 문화를 ▨ (이)라고 한다.

62 1990년대 세계의 변화 모습으로 바른 것은 어느 것입니까?

① 왕이 강력한 권력을 쥐었다.
② 제2차 세계 대전이 일어났다.
③ 유럽의 나라에서 수많은 식민지를 만들었다.
④ 미국과 소련이 핵무기를 줄여 나가자고 약속했다.

63 1990년대에 들어 소련이 해체된 까닭은 무엇입니까?

① 사회주의의 문제점들이 나타났다.
② 세계 여러 나라가 해체를 요구하였다.
③ 소련이 주변 나라들에 심하게 간섭하기 시작하였다.
④ 부자는 더 부자가 되고, 가난한 사람은 더 가난해졌다.

64 다음과 같은 일을 한 사람은 누구입니까?

> • '애플'이라는 세계적인 회사를 설립하였다.
> • 아이팟, 아이폰 등 전에 없던 혁신적인 기기를 만들어 세상을 놀라게 하였다.
> • "모든 제품은 아름다워야 한다."며 제품의 디자인을 강조하였다.

① 비틀즈 ② 아인슈타인
③ 스티브 잡스 ④ 넬슨 만델라

65 전 세계의 컴퓨터가 연결되어 정보를 주고받을 수 있는 통신망을 무엇이라고 합니까?

① 라디오
② 인터넷
③ 스마트폰
④ SNS(소셜 네트워킹 서비스)

도전! 세계사 왕 평가 문제 정답

❶ 피라미드 ❷ ④ ❸ 석가모니 ❹ 1) X, 2) O, 3) X ❺ 민주주의 ❻ ①－㉢, ②－㉡, ③－㉠ ❼ ② ❽ ②
❾ 코끼리 ❿ 항우, 유방 ⓫ ① ⓬ 비단길 ⓭ 1) X, 2) O ⓮ 1) 조조, 2) 유비, 3) 손권 ⓯ ①－㉢, ②－㉠, ③－㉡
⓰ ② ⓱ 1) X, 2) O ⓲ ③ ⓳ ② ⓴ ㉠→㉡→㉢ ㉑ ③ ㉒ 유스티니아누스 대제 ㉓ 1) O, 2) O, 3) X ㉔ ③ ㉕ ④ ㉖ ③
㉗ 칭기즈 칸 ㉘ ③ ㉙ ① ㉚ 정화 ㉛ ② ㉜ ② ㉝ ④ ㉞ ②, ④ ㉟ ③ ㊱ ③ ㊲ ① ㊳ ③ ㊴ ② ㊵ ①－㉢, ②－㉡, ③－㉠
㊶ 베르사유 궁전 ㊷ ③, ④ ㊸ 1) O, 2) O, 3) X ㊹ 프리드리히 대왕, 강희제 ㊺ ④ ㊻ 계몽사상 ㊼ ③ ㊽ ③ ㊾ ③ ㊿ 나폴레옹
51 라틴 아메리카 52 ④ 53 ① 54 ①－㉡, ②－㉢, ③－㉠ 55 1) 일본, 2) 피의 일요일, 3) 사회주의 56 마하트마 간디, 히틀러 57 ②
58 ② 59 마오쩌둥 60 ③ 61 대중문화 62 ④ 63 ① 64 ③ 65 ②

손바닥 퀴즈 정답

1. 주공 / 2. 석가모니 / 3. 다리우스 1세 / 4. 페리클레스 / 5. 시황제 / 6. 한니발 / 7. 항우, 유방 / 8. 장건 / 9. 옥타비아누스 / 10. 예수 / 11. 찬드라굽타 2세 / 12. 쇼토쿠 태자 / 13. 클로비스 / 14. 유스티니아누스 대제 / 15. 무함마드 / 16. 카롤루스 대제 / 17. 그레고리우스 7세 / 18. 칭기즈 칸 / 19. 단테 / 20. 마르코 폴로 / 21. 이븐바투타 / 22. 메흐메트 2세 / 23. 구텐베르크 / 24. 콜럼버스 25. 코페르니쿠스 / 26. 미켈란젤로 / 27. 루터 / 28. 엘리자베스 1세 / 29. 루이 14세 / 30. 표트르 대제 / 31. 뉴턴 / 32. 몽테스키외 / 33. 제임스 와트 / 34. 조지 워싱턴 / 35. 베토벤 / 36. 시몬 볼리바르 / 37. 찰스 다윈 / 38. 마하트마 간디 / 39. 레닌 / 40. 루스벨트